who?

## 글 한나나

어린이와 어른 모두가 즐겁게 볼 수 있는 책을 쓰고 싶습니다. 여러 가지 실패를 겪고 더불어 고민도 많았던 위인들을 보며 모두가 '나도 해낼 수 있어!'라는 긍정적인 생각을 하길 바라며 〈who?〉 시리즈 집필에 매진하고 있습니다.

## 그림 정석호

어린이를 위한 학습만화, 동화, 삽화 전문작가로 왕성하게 활동하고 있습니다. 주요 작품으로는 《마법천자문 단어마법 1~10》, 《Why? 정약용의 목민심서》, 《불만제로 1, 2》, 《선덕여왕》, 《교과서만화 5학년 사회》 등이 있습니다.

## 감수 경기초등사회과연구회
**진로 탐색 감수 이랑**(한국고용정보원 전임연구원)
**추천 송인섭**(숙명 여자 대학교 명예 교수)

 세계 인물

### 샘 월턴

**개정판 1쇄 인쇄** 2024년 11월 15일
**개정판 1쇄 발행** 2025년 1월 1일

**글** 한나나 **그림** 정석호

**펴낸이** 김선식
**펴낸곳** 다산북스

**부사장** 김은영
**어린이사업부총괄이사** 이유남
**책임편집** 박세미 **디자인** 김은지 **책임마케터** 김희연
**어린이콘텐츠사업1팀장** 박정민 **어린이콘텐츠사업1팀** 김은지 박세미 강푸른
**마케팅본부장** 권장규 **마케팅3팀** 최민용 안호성 박상준 김희연
**편집관리팀** 조세현 김호주 백설희 **저작권팀** 이슬 윤제희 **제휴홍보팀** 류승은 문윤정 이예주
**재무관리팀** 하미선 김재경 임혜정 이슬기 김주영 오지수
**인사총무팀** 강미숙 이정환 김혜진 황종원
**제작관리팀** 이소현 김소영 김진경 최완규 이지우 박예찬
**물류관리팀** 김형기 김선민 주정훈 김선진 한유현 전태연 양문현 이민운

**출판등록** 2005년 12월 23일 제313-2005-00277호
**주소** 경기도 파주시 회동길 490
**전화** 02-704-1724 **팩스** 02-703-2219
**다산어린이 카페** cafe.naver.com/dasankids **다산어린이 블로그** blog.naver.com/stdasan
**종이** 신승NC **인쇄** 북토리 **코팅 및 후가공** 평창피앤지 **제본** 대원바인더리

ISBN 979-11-306-5813-1 14990

**품명**: 도서 **제조자명**: 다산북스
**제조국명**: 대한민국 **전화번호**: 02)704-1724
**주소**: 경기도 파주시 회동길 490
**제조년월**: 판권 별도 표기 **사용연령**: 8세 이상

※ KC마크는 이 제품이 공통안전기준에 적합하였음을 의미합니다.

# 샘 월턴

## Sam Walton

# 자신만의 멘토를 만날 수 있는
# who? 시리즈

　　다산어린이의 〈who?〉 시리즈는 어린이들은 물론 어른들에게도 재미와
감동을 주는 교양 만화입니다. 〈who?〉 시리즈는 전 세계 인류에 영향력을
끼친 인물들로 구성되었으며 인물들의 삶과 사상을 객관적으로 전해
줍니다.

　　이처럼 다양한 나라와 분야에서 활약한 위인들의 이야기를 통해 과학,
예술, 정치, 사상에 관한 정보는 물론이고, 나라별 문화와 역사까지 배우게
될 것입니다. 〈who?〉 시리즈의 가장 큰 장점은 위인들이 그들의 삶에서
겪은 기쁨과 슬픔, 좌절과 시련, 감동을 어린이들이 함께 느낄 수 있다는
것입니다. 어린이들은 이 책을 읽으면서 폭넓은 감수성을 함양하게 됩니다.

　　〈who?〉 시리즈의 어린이 독자들이 책 속의 위인들을 통해 자신만의
멘토를 만나 미래의 세계적인 리더로 성장하기를 진심으로 응원합니다.

### 존 덩컨 미국 UCLA 동아시아학부 교수

존 덩컨(John B. Duncan) 교수는 한국학 분야의 세계적인 석학으로
미국 UCLA 한국학 연구소 소장 및 동 대학의 동아시아학부 교수를
겸직하고 있습니다. 하버드 대학교 교환 교수와 고려 대학교 해외
교육 프로그램 연구센터장을 역임했으며, 주요 저서로는
《조선 왕조의 기원》, 《조선 왕조의 시민 행정의 제도적 기초》 등이
있습니다.

# 세상을 더 나은 곳으로 만든 사람들의 이야기

어린이들은 자라면서 수많은 궁금증을 가지게 됩니다. 그중에서도 "저 사람은 누굴까?"라는 질문은 종종 아이들의 머릿속을 온통 지배해 버리기도 합니다. 다산어린이에서 출간된 〈who?〉 시리즈는 그런 궁금증을 해결해 주기 위해 지구촌 다양한 분야의 리더들을 소개하고 있습니다.

〈who?〉 시리즈에 등장하는 인물들은 인종과 성별을 넘어 세상을 더 나은 곳으로 만든 사람들입니다. 어린이들은 이 책에서 디지털 아이콘으로 불리는 스티브 잡스는 물론 니콜라 테슬라와 같은 천재 발명가를 만날 수 있습니다.

책 속 주인공들의 어린 시절 이야기를 통해 기쁨과 슬픔, 도전과 성취감을 함께 맛보고, 그들과 함께 성장하면서 스스로 창조적이고 인류에 도움이 되는 사람이 되겠다는 포부와 자신감을 갖게 될 것입니다.

〈who?〉 시리즈 속에서 다채롭고 생동감 넘치는 위인들의 이야기를 만나 보세요.

**에드워드 슐츠** 하와이 주립 대학교 언어학부 교수

에드워드 슐츠(Edward J. Shultz) 하와이 주립 대학교 언어학부 교수는 동 대학의 한국학센터 한국학 편집장을 역임한 세계적인 석학입니다. 평화봉사단 활동의 하나로 한국에서 영어 교사로 근무한 경험이 있으며, 현재 한국과 미국, 일본을 오가며 활발한 활동을 펼치고 있습니다. 저서로는 《중세 한국의 학자와 군사령관》, 《김부식과 삼국사기》 등이 있고, 한국 중세사와 정치에 대한 다수의 기고문을 출간했습니다.

# 미래 설계의 힘을 얻는 길이 여기에 있습니다

어린이가 성장하는 시기에는 스스로 미래를 설계하며 다양한 책을 접하는 경험이 필요합니다.

어린 시절 만난 한 권의 책이 인생에 미치는 영향이 얼마나 큰지는 꿈을 이룬 사람들의 말을 통해서 알 수 있습니다. 빌 게이츠는 오늘날 자신을 만든 것은 동네의 작은 도서관이었다고 말하고, 오프라 윈프리는 어린 시절 유일한 친구는 책이었음을 고백하며 독서의 중요성에 대해 이야기합니다.

꿈을 이룬 사람들의 공통점은 또 있습니다. 그들에게는 어린 시절, 마음속에 품은 롤 모델이 있었습니다. 여러분의 롤 모델은 누구인가요? 〈who?〉 시리즈에서는 현재 우리 어린이들이 가장 닮고 싶어하는 롤 모델을 만날 수 있습니다. 버락 오바마, 빌 게이츠, 조앤 롤링, 스티브 잡스 등 세상을 바꾼 사람들의 감동적인 이야기를 담은 〈who?〉 시리즈는 어린이들이 구체적인 목표를 설정하고 희망찬 비전을 세울 수 있도록 도와줄 친구이면서 안내자입니다. 〈who?〉 시리즈를 통하여 자신의 인생 모델을 찾고 미래 설계의 힘을 얻을 수 있습니다.

**송인섭** 숙명 여자 대학교 명예 교수

숙명 여자 대학교 명예 교수이자 한국영재교육학회 회장으로 자기주도학습 분야의 최고 권위자입니다. 한국교육심리연구회 회장, 한국교육평가학회장, 한국영재연구원 원장을 역임했습니다. 자기주도학습과 영재 교육의 이론을 실제 교육 현장에 적용하기 위해 노력하고 있습니다.

# 평생을 이끌어 줄
# 최고의 멘토를 만날 수 있는 책

10대에 가장 중요한 것은 무엇일까요? 학과 공부와 입시일까요? 우리나라 최초의 국제회의 통역사로 30년 동안 활동하면서 글로벌 리더들을 만날 기회가 수없이 많았던 저는 대한민국의 초등학생들에게 특별한 조언을 해 주고 싶습니다. 그것은 큰 꿈을 가지는 것이 무엇보다 중요하다는 것입니다.

꿈은 힘들고 지칠 때 나를 이끌어 주는 힘이고 내 인생의 주인이 되어 일어설 수 있게 하는 원동력이 되어 줍니다. 꿈이 있는 아이가 공부도 잘하고 결국 그 꿈을 실현할 수 있게 되는 것입니다. 저 역시 어린 시절 품었던 꿈이 지금의 자리에 있게 한 원동력이었습니다. 남들이 모르는 큰 꿈을 마음속에 간직하고 있었기에 괴롭고 힘들어도 포기하지 않고 다시 일어설 수 있었습니다.

어린 시절 저에게도 힘들고 지칠 때마다 용기를 불어넣어 주고 힘이 되어 주었던 분들이 있었습니다. 지금의 자리로 저를 이끌어 준 멘토들처럼 〈who?〉 시리즈에서 여러분의 친구이자 형제, 선생이 되어 줄 멘토를 만날 수 있기를 바랍니다.

**최정화** 한국 외국어 대학교 교수

우리나라 최초의 국제회의 통역사로 현재 한국 외국어 대학교 통번역대학원 교수로 재직 중입니다. 세계 무대에서 자신의 꿈을 이룬 여성 신화의 주인공으로, 역시 세계에서 꿈을 펼치려고 하는 청소년들에게 멘토로서의 역할을 충실히 하고 있습니다. 저서로는 《외국어 내 아이도 잘할 수 있다》, 《외국어를 알면 세계가 좁다》, 《국제회의 통역사 되는 길》 등이 있습니다.

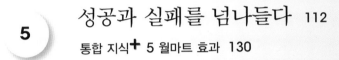

## 샘 월턴

- 이름: 샘 월턴
- 생몰년: 1918~1992년
- 국적: 미국
- 직업·활동 분야:
  사업가, 경영자
- 주요 업적:
  월마트 설립(1962년)
  자유의 메달 수상(1992년)

성실하고 활발한 아이였던 샘 월턴은 어린 시절부터 신문 배달과 우유 배달 등 아르바이트를 열심히 해서 돈을 모았어요. 샘 월턴에게 그것은 단순히 용돈을 버는 것이 아닌, 사업가가 되겠다는 자신의 꿈을 향해 가는 과정이었답니다.
이후 그는 어떻게 세계 최고의 유통 기업 월마트를 설립할 수 있었을까요?

## 토마스 월턴

샘 월턴의 아버지 토마스 월턴은 은행에서 돈을 빌린 뒤 갚지 못하는 사람들을 찾아다니며 빌려간 액수만큼 다른 재산을 받아 내는 일을 했습니다. 샘은 아버지의 일을 어깨너머로 지켜보며 경제관념에 눈뜰 수 있었어요. 또한 근면성실하고 검소한 아버지의 생활 태도를 배우며 자랐습니다.

## 헬렌 월턴

샘 월턴의 아내 헬렌 월턴은 똑똑하고 활달한 여성으로 부유한 집안에서 자랐어요. 사업가의 꿈을 가진 샘 월턴과 결혼한 그녀는 이후 작은 상점의 진열에서 판매까지, 힘든 일들도 마다하지 않고 샘 월턴과 함께 사업을 키워 갑니다.

## 들어가는 말

- 세계 최고의 유통 업체 '월마트'를 만든 경영자 샘 월턴에 대해 알아봅시다.
- 유통업이란 무엇이며 우리 생활에 어떻게 연결되어 있을까요? 세계적인 부자들의 경제관념과 돈에 대한 철학을 함께 알아봐요!
- 새로운 사업의 기회를 발견해서 회사를 세우고 운영하는 경영자라는 직업에 대해 자세히 살펴봅시다.

# 1 우유 배달하는 소년

샘 월턴은 미국의 오클라호마주 킹피셔에서 1918년에 태어났습니다.

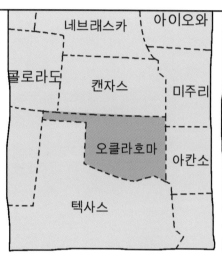

네브래스카
아이오와
콜로라도
캔자스
미주리
오클라호마
아칸소
텍사스

여보, 수프 향이 좋은데요?

당신이 좋아하는 양송이 수프예요.

자, 이제 드세요. 애들은 제가 볼게요.

난 이제 출근할 테니, 아이들을 잘 부탁해요.

여보, 오늘도 늦어요?

몇 곳만 가면 되니, 오늘은 늦지 않을 것 같소.

아빠, 그럼 나도 따라가면 안 돼요?

아빠와 같이 가려면 밥을 빨리 먹어야지. 고객과의 약속에는 늦으면 안 된단다.

아빠, 오늘은 어디로 가요?

피터 씨네 농장으로 갈 거란다. 거기서 가축을 팔고 싶다고 했거든.

샘의 아버지 토마스는 천성이 부지런하고 성실한 *거래 중개인이었습니다.

*거래 중개인: 다른 사람의 주문에 따라 상품을 사고파는 사람

우유 배달하는 소년 **13**

토마스는 소나 말, 농장과 같은 온갖 상품을 거래했습니다.
대범한 협상력을 갖춘 그는 늘 최고의 조건으로 거래를 이끌었습니다.

어떻게 키운 가축들인데, 아무튼 그 가격으로는 못 팔아요.

마리당 1달러씩 더 주고 데려가든가요.

이제 곧 여름이잖아요. 돌림병이 돌면 가축이 병들어 죽을 수도 있어요.

이 가격도 좋게 치러 드리는 거예요.

하지만 딴 데는 당신네 회사보다 더 값을 치러 준다고 했단 말이오.

이번 건만 성사되면 다음부터는 좀 더 후하게 값을 매길게요.

알았소!
난 토마스 씨만 믿고
맡기는 것이니,
다음번에
잘 부탁해요.

그런데 이 시계는
왜 이리 고장이
잦은 거야?

지난번에 고쳤다고
했잖아요.

그렇긴 한데, 워낙
오래된 시계라 그런지
수리해도 금세 또
고장이 나네요.

그럼 이걸 쓰시죠.
얼마 전에 사서 새것이나
마찬가지입니다.

저, 정말이요?

그냥 받기는
미안하니, 저기 저
새끼 돼지라도
가져가시구려.

어, 정말요?
감사합니다.

그런데 아빠, 왜 자꾸 1달러를 깎으려고 해요?

왜? 보기에 안 좋니?

1달러는 적은 돈이니까 그냥 더 줘도 될 것 같아서요.

샘, 1달러는 아주 소중하단다. 1달러가 모이고 모여 10달러도 되고, 100달러도 되거든.

우와~ 100달러요?

작은 물방울이 모여 큰 호수가 되듯이, 돈도 마찬가지야. 1달러가 차곡차곡 모여야 큰돈이 되는 거지. 1달러를 우습게 보면 안 돼.

샘은 아빠와 함께 다니며 아버지의 탁월한 직관과 뛰어난 협상력을 어깨너머로 보고 익혔습니다.

샘이 열한 살 때인 1929년, 미국을 비롯한 전 세계에 경제 대공황이 몰아닥쳤습니다.

뉴욕에 있다던 톰의 아들 찰리가 돌아왔대요.

찰리가 다니던 회사가 문을 닫았다지 뭐예요.

아무튼, 요샌 한 집 걸러 실직자가 있는 것 같아요.

그래도 토마스 씨가 다니는 직장은 든든하잖아요!

남편이 성실하고 부지런하니, 샘 엄마는 걱정 없겠어.

뭘요······.

아빠, 엄마는 어디 계세요?

잠깐 동네 아주머니들 모임에 가셨단다.

아~ 그렇구나.

샘, 오랜만에 아빠 일하는 데 같이 갈까?

토마스는 경제 대공황 무렵부터 형의 회사인 '월턴 저당 회사'에서 일하기 시작했습니다.

토마스는 그곳에서 빌린 돈을 갚지 못한 농부들의 토지나 건물을 회수하는 일을 맡았습니다. 하지만 그는 평생 농사를 짓고 가축을 돌보며 살아온 선량한 사람들의 재산을 빼앗는 것 같아 부담을 느끼곤 했습니다.

어떻게 농부한테서 땅을 빼앗아 갈 수 있소!

저도 안타깝지만, 빚을 갚기로 약속한 날짜를 넘기셔서 어쩔 수 없습니다.

나도 빌려준 돈을 못 받아서 은행 빚을 갚지 못했어요.

사정을 몇 번이나 이야기했지 않소.

사정을 일일이 봐주다 보면 우리 회사도 망합니다.

피도 눈물도 없는 사람 같으니……. 그래, 내 땅 가져가서 잘 먹고 잘살아라!

차 아 악

앗, 아빠!

아빠,
괜찮으세요?

별일 아니란다, 샘.
아빠는 괜찮아.

저 아저씨, 정말 너무해요! 아빠한테
막 물을 끼얹고……

아빠가 하는 일이
빚 독촉하고,
그걸 받아 내는
일이라 그런 거니
신경 쓰지 마라.

그나저나 빚을 갚지
못하는 사람이 점점
늘어나니, 큰일이구나.

빚은 열심히
일해서 갚으면
되는 거잖아요.

경기가 좋을 때는
열심히 일하고
검소하게 살면
갚을 수
있었단다.

하지만 지금은 경제 상황이 좋지 않아서 일자리도 없고 물가는 계속 오르고 있어. 그래서 자기 능력보다 더 많이 빚을 진 사람들은 그걸 갚지 못해 파산하게 된단다.

파산이요? 그게 뭐예요?

파산하면 자기가 가진 걸 모두 빼앗긴단다. 그건 아주 괴로운 일이지.

아빠, 우리 집은 괜찮은가요?

우리 가족은 아직 빚이 없단다. 아빠가 열심히 일하잖니!

정말 다행이에요. 저도 나중에 아빠처럼 열심히 일해서 빚을 안 지고 살래요.

그래, 기대하마!

샘은 아빠를 따라다니며 돈의 흐름을 보고 익힐 수 있었습니다.

톰슨 농기구

마차수리전문점

그러던 어느 날.

도대체 누구세요? 왜 남의 집에 달걀을 던지는 거죠?

오, 당신이군! 당신이 월턴의 아내 맞지?

네, 맞아요. 도대체 무슨 일이죠?

당신 남편이 우리 집에 와서 모든 걸 다 가져갔어. 다 빼앗아 갔다고!

제 남편은 회사를 대신해 해야 할 일을 한 것뿐이에요!

그 남편에 그 아내로군. 둘 다 인정이 없어!

우린 알거지가 됐어. 경매에 부친다고 몽땅 다 쓸어가서 먼지 한 톨 남아 있지 않다고!

그렇다고 우리 집에 와서 이러시면 어떡해요!

너희도 당해 봐. 너희도 동네 창피를 한번 당해 보라고!

농부한테서 땅을 빼앗다니!

월턴 씨, 그렇게 안 봤는데, 정말 몹쓸 사람이었구먼.

버드, 저쪽으로 가자.

형, 저 사람들 왜 그래?

아빠가 다니는 회사에서 돈을 빌린 사람들인데, 돈을 갚지 못했어. 그래서 아빠가 돈 대신 땅을 빼앗아서 화가 난 거야.

왜 돈을 못 갚았는데?

저 사람들은 가난하니까.

형, 우리도 가난해지면 저렇게 되는 거야?

아니, 걱정하지 마. 우리는 가난해지지 않을 거야.

절대 그럴 일 없어! 우리는 절대로 가난해지지 않을 거야!

샘의 어머니 낸은 집안일을 돌보며 틈틈이 우유 장사를 했습니다.

엄마, 앞으로 우유 배달은 제가 할게요.

학교 다니고 친구랑 놀기도 바쁠 텐데, 우유 배달을 하겠다고?

그 대신 우유 배달한 만큼 용돈을 올려 주세요.

그 아버지에 그 아들이로구나. 그래, 그럼 내일부터 네가 해 보렴.

다음 날 오후.

학교 다녀왔습니다!

와, 많이 담아 놓으셨네요!

샘, 그런데 혼자서 이걸 다 배달할 수 있겠니?

그럼요, 저도 이제 다 컸는걸요. 다녀올게요~.

샘은 엄마 대신 우유 배달을 다녔습니다. 그리고 그 대가로 용돈을 받았습니다.

자, 용돈이다. 우유 배달비까지 넉넉히 줄게.

와, 이 돈으로 뭘 하지? 모아서 야구 방망이를 살까?

1달러가 모이고 모여 10달러도 되고, 100달러도 되는 거야!

그래! 이 돈을 모아서 나중에 아빠처럼 뭔가를 사고파는 데 쓰고 싶어. 그러려면 돈을 더 많이 모아야 해.

우유 배달하는 소년 **27**

샘, 배달 가니?

응. 얼른 가야 해!

그럼 배달 끝내고 놀이터로 올래?

함께 공놀이하자.

그래, 조금 이따가 갈게.

급구

신문보급소
배달원 구합니다.

=선착순 마감=

배달원? 배달이라면
자신 있는데, 저것도 한번
해 볼까?

돈은 주급으로 줄 테니, 다음 주부터 일해라.

네~, 열심히 하겠습니다!

저 앞으로 신문 배달 일도 하려고요.

샘, 용돈이 부족해서 그러니?

그런 게 아니고요. 저는 돈을 벌고, 모으는 게 정말 좋거든요.

넌 지금 학생이야. 학생에게는 공부가 우선이란다.

그건 엄마 말이 맞다. 아르바이트도 좋지만, 네 나이 때에는 친구들과 놀기도 하고 공부도 해야지.

공부는 당연히 열심히 할 거예요. 하지만 제 힘으로 돈을 벌어 보고 싶어요.

그래, 그럼 한번 해 보아라. 단, 성적이 떨어지면 바로 그만둬야 해. 엄마랑 약속하자.

네, 약속해요! 둘 다 열심히 할게요.

샘은 십 대 시절부터 우유 배달, 신문 배달 등을 해서 돈을 벌었습니다.

부모님과 약속한 대로 학교 공부도
열심히 해서 우등생으로 뽑혔습니다.

아이들과의 사이도 좋았던 샘은 매해
학급 임원을 도맡아 하기도 했습니다.

샘은 정말
못하는 게
없어!

모든 걸 다 척척
해내니, 당해
낼 수가 없어.

아, 나도
샘처럼
공부 좀 잘해
봤으면!

활기차고 의욕 넘치는 소년 샘은
누구보다 보람찬 학창 시절을 보냈습니다.

# 샘 월턴의 성공 열쇠

월마트를 만든 사업가 샘 월턴

대형 마트나 할인점에 가 본 적이 있나요? '월마트'는 세계 곳곳에서 볼 수 있는 최대 규모의 유통 기업입니다. 이 월마트를 만든 사람이 바로 샘 월턴이에요. 어릴 때부터 독립심이 강하고 영민했던 그는 톡톡 튀는 아이디어와 뚝심, 그리고 열정으로 미국을 넘어 전 세계적인 기업을 일구어 냈지요.

자, 지금부터 샘 월턴이 어떻게 성공할 수 있었는지 알아볼까요?

### 하나 ▷ 부모님의 가르침

샘 월턴의 고향인 오클라호마주 킹피셔에 있는 그의 동상 ⓒ Kiddo27

어린 시절, 그의 아버지는 '월턴 저당 회사'라는 곳에서 마을 사람들의 밀린 농자금을 회수하는 일을 했습니다.

이 일은 농부가 은행에서 돈을 빌린 뒤 제때에 갚지 못하면, 직접 찾아가서 빌려 간 액수만큼 농지나 가축, 농기구, 집과 같은 다른 재산을 대신해서 받아 오는 것이었습니다.

이 일은 쉽지 않았어요. 돈을 회수하는 과정에서 감정이 복받친 농부와 그 가족이 달려들어 시비가 붙는 일이 종종 발생했기 때문이지요. 하지만 샘의 아버지는 조리 있는 말솜씨와 능수능란한 일 처리, 특유의 강단으로 문제를 하나하나 잘 풀어 나갔습니다.

종종 아버지와 함께 거래 현장을 다녔던 샘은 어깨너머로 그 과정을 지켜보며 무엇이 거래되고, 왜 거래되는지, 어떻게 해야 서로에게 이득이 되는지를 자연스럽게 배울 수 있었습니다. 또한, 자기가 맡은 일이 좋든 싫든 묵묵히 견디며 수행해 내는 아버지의 성실함과 근면함도 배울 수 있었어요.

샘 월턴의 어머니는 집안 살림에 보탬이 되기 위해 우유를 판매하는 등 검소하게 살며 단돈 1달러도 허투루 쓰는 법이 없었습니다.

1달러를 벌려고 노력하는 것도 중요하지만, 1달러를 아끼는 것이 더 중요하다는 샘의 경영 철학은 부모님으로부터 배운 것입니다. 부모님이 몸소 보여 준 근검절약과 성실한 태도는 훗날 샘의 삶의 지표가 되었습니다.

고등학생 시절의 샘 월턴 ⓒ Grey Wanderer

## 둘 ▶ 돈에 대한 철학

샘 월턴은 어릴 때부터 아르바이트를 했답니다. 첫 아르바이트라고 할 수 있는 우유 배달부터 신문 배달에 이르기까지, 그 나이에 할 수 있는 아르바이트를 찾아 열심히 일했어요. 그 덕에 대학 시절 내내 학비와 생활비, 용돈까지 스스로 해결할 수 있었지요.

스스로 돈을 벌면서 1달러를 벌기가 얼마나 힘이 드는지 늘 마음에 새겼던 샘은, 하루 세 끼를 먹을 수 있고 잠을 잘 곳이 있다면 그게 바로 부자라고 감사히 여기게 되었어요.

샘 월턴은 자신의 첫 상점으로 뉴포트에 '벤프랭클린' 지점을 냈습니다. ⓒ PenelopeIsMe

1985년, 샘이 예순일곱 살이 되던 해에 그는 미국에서 가장 재산이 많은 사람으로 꼽혔습니다. 하지만 샘은 억만장자가 되었어도 평소 타고 다니던 낡은 소형 트럭을 그대로 몰았고, 옷도 월마트에서 파는 저렴한 제품을 사 입었어요. 모자도 평소에 쓰던 월마트 마크가 새겨진 평범한 모자를 쓰고 다닐 정도로 검소한 생활을 했지요. 샘은 경영자가 돈에 눈이 멀거나 과시욕에 빠져서는 안 된다는 사실을 잘 알고 있었습니다. 그러한 모습은 경영인의 올바른 자세가 아니라고 생각했지요. 이렇듯 한발 물러서서 돈과 재산을 보는 습관이 샘 월턴을 세계 최고 유통 업체의 경영인으로 만들어 주었습니다.

벤톤빌에 있는 초창기 월마트 자리. 현재는 월마트의 고객 센터로 사용되고 있습니다.
ⓒ User Bobak on en.wikipedia

### 셋 풍부한 경험

샘 월턴이 유통업에 진출하던 당시는 제2차 세계 대전이
끝나고 미국 경제가 한창 부흥기를 맞던 시대였습니다.
유통업에 뛰어든 수많은 경쟁자 사이에서 샘이 낸
상점이 연이어 성공한 것은 어찌 보면 기적에 가까운
일이었습니다.

샘은 벤프랭클린 상점을 여러 개 경영하던 때부터 손님을
끌어들일 만한 다양한 아이디어를 끊임없이 생각해
냈습니다. 그는 어떤 식으로 상점을 운영해야 그 지역
사람들에게 흥미를 끌 수 있을지를 파악했지요. 노인
인구가 많은 곳에는 무엇이 잘 팔리는지, 또 어린이나
젊은 사람들은 무엇을 원하는지 등 경우에 따라 판매
계획을 다르게 세웠습니다. 또한 월마트를 처음
개업할 때에는 다양한 이벤트를 열어 사람들의 이목을
끌었습니다.

이렇듯 풍부한 아이디어는 다양한 아르바이트 체험과
책을 통해 얻은 지식에서 나왔어요. 다른 매장을
둘러보며 그들의 전략을 분석한 것도 큰 도움이
되었지요. 다양한 경험이 차곡차곡 쌓여 샘 월턴만의
판매 비법이 탄생한 것입니다.

사람들은 그를 두고 창의적인 사업 천재라고 말하지만,
그 역시 맨 처음 시작은 누구나 할 수 있는 아르바이트와
독서에서 출발했다는 사실을 잊지 말아야겠습니다.

샘 월턴이 만든 대형 할인점 '월마트'
ⓒ Photograph taken by Jared C. Benedict on 22
February 2004.

미국 내 월마트의 경쟁 업체인 K마트 ⓒ Niceckhart

### 넷 동료를 가족처럼

샘 월턴이 월마트를 세계적인 기업으로 키울 수 있었던 이유
중 하나는, 회사 직원을 가족처럼 여긴 점입니다.

처음 월마트 주식을 상장하던 때에 샘은, 회사 직원 모두에게

월마트 주식을 살 수 있게 했습니다. 회사가 성장하면 그 회사의 주식이 좋은 평가를 받아서 주식을 가진 사람들에게 배당금이 지급되는데, 샘은 월마트를 성장시킬 자신이 있었기에 회사 사람들에게 당당하게 주식을 살 것을 권유했던 것이에요. 함께 일하는 사람 모두가 월마트로 인해 이득을 얻고 함께 성장하기를 바란 것입니다. 그런 그의 생각대로 직원들은 월마트의 주식으로 이익을 볼 수 있었습니다.

직원을 동료로 대했던 샘 월턴 ⓒ liberalmind101

또한, 샘은 함께 일하는 직원들에 대해 어떠한 편견도 갖지 않았습니다. 샘에게 직원의 나이나 인종, 사는 지역, 출신 배경은 중요하지 않았어요. 그는 월마트에서 일하고 싶어 하고, 자신의 운영 철학에 마음을 여는 성실한 직원에게는 지점장의 자리를 내주기도 했습니다. 샘은 같이 일하는 동료가 안심하고 일할 수 있어야 회사가 더 잘 운영되고, 사업이 잘된다는 사실을 알고 있었어요. 그는 이 사실을 아는 것에만 그치지 않고, 이를 몸소 실천한 사업가였습니다.

세계 최대 유통 업체인 월마트의 로고
ⓒ JeepersMedia

## who? 지식사전

### 전 세계에 불어닥친 경제 위기, 대공황

샘 월턴이 열한 살 때 미국은 대공황이 막 시작되어 경제 상황이 좋지 않았습니다. 대공황은 1929년부터 1939년까지 전 세계를 뒤흔들었던 경기 침체를 가리키는 말이에요. 대공황이 시작된 곳은 미국의 월스트리트였어요. 1929년 10월, 월스트리트의 뉴욕 증권 거래소에서 주가가 대폭락하며 주식 시장이 붕괴되었지요. 이 때문에 미국의 경제는 걷잡을 수 없이 내리막을 걷게 되었고, 미국 노동자의 25퍼센트가 실직했습니다.

세계 경제 대공황 당시 일자리를 잃은 사람들이 시위하고 있는 모습
ⓒ World Telegram staff photographer

이 불황은 유럽으로 번졌고, 독일과 영국을 비롯한 여러 유럽 국가에서 수백만 명의 노동자가 일자리를 잃었습니다. 오스트리아의 은행이 파산하고, 남아메리카의 농산물 가격이 급격히 내려가는 등 전 세계가 불황으로 휘청거렸답니다.

# 2 목표를 향해 돌격!

샘, 어디 가?

어, 신문 배달하러!

힘들겠다, 수고해!

응, 고마워!

이번 신문 배달 경연 대회에서 1등을 하면 상금을 주겠다!

우아~, 어떻게 하는 건데요?

이번 달 말까지 구독자를 가장 많이 모집하는 사람에게 상금으로 10달러를 주마.

우아~

진짜 많다.

10달러!

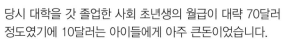

당시 대학을 갓 졸업한 사회 초년생의 월급이 대략 70달러 정도였기에 10달러는 아이들에게 아주 큰돈이었습니다.

10달러라고? 내가 꼭 1등 해서 상금을 차지하겠어!

샘은 큰 상금이 걸린 신문 배달 대회에서 우승하기 위해 동네의 모든 집을 방문했습니다.

안녕하세요,
우리 신문 좀
보세요!

최신 소식을
가장 먼저
접할 수
있어요!

저처럼 어린 꼬마도
볼 수 있을 만큼 기사가
쉽고 자세해요.

샘은 타고난 붙임성과 자신감으로 신문 구독자를
모았고, 마침내 경연 대회에서 1등을 차지했습니다.

이야~
내가 해냈다!

팔
짝

엄마!

신문 배달 대회에서
제가 1등을 했어요!

우아~
형아가 1등을
했어?

샘, 잠깐 이리 와 보렴.

왜요, 엄마?

선생님께서 네 문제로 상의할 게 있다고 하셔서 오늘 학교에 다녀왔단다.

선생님, 혹시 우리 샘에게 무슨 문제라도 있나요?

샘은 아주 잘하고 있어요. 별문제 없습니다.

그럼 다행이지만……. 그런데 오늘 저는 왜 보자고 하셨지요?

혹시, 집안 형편이 어려우신가요?

아니요, 왜 그러시죠?

샘이 아르바이트를 지나치게 많이 하는 것 같아 걱정돼서요.

샘은 남다른
아이예요.
공부며, 운동이며
뭐든 못하는 게
없지요.
교우 관계도 좋고,
리더십도 있고요.

아르바이트를 줄이고,
그 대신 책을 읽거나 밖에서
친구들과 놀며 십 대 시절을
즐겁게 보냈으면 해요.

그렇군요.
제가 거기까진 미처
생각하지 못했어요.

선생님께서
네가 아르바이트를
줄였으면 좋겠다고
하시더구나.

전 계속하고 싶어요.

왜 그렇지?

물건을
사고팔면서
돈을 버는 게
재미있어요.

돈을 벌면서 다양한
경제 지식도
쌓을 수 있어
좋고요.

그래?

좋아하는 걸 하며 돈까지
모을 수 있는데, 하지 말아야 할
이유가 없잖아요?

엄마는 네가 공부를 더 열심히 해서 나중에 대학에 가면 좋겠어. 엄마는 결혼하는 바람에 대학을 1년만 다니다 그만뒀거든.

정말요?

엄마는 그게 늘 후회스러웠어. 공부는 정말 때가 있는 거잖아? 넌 지금이 공부할 때란다.

샘의 어머니는 자식들에 대한 기대가 남달랐습니다. 자신은 비록 교육을 많이 받지 못했지만, 자식들은 공부를 끝까지 하길 바랐습니다.

엄마, 앞으로는 아르바이트하는 만큼 공부도 더 열심히 할게요.

이해해 줘서 고맙구나, 샘.

샘은 틈틈이 친구들과 미식축구나 야구, 농구를 하며 체력을 다졌습니다. 그뿐만 아니라, 보이 스카우트 활동에도 열심히 참여했습니다.

사, 살려 주세요……

첨벙 첨벙

수영할 줄 아는 사람 없어?

큰일 났다!

어서 911에 신고해!

허우적 허우적

샘은 물에 빠진 친구를 구한 일로 학교에서 표창장을
받았고, 사람들은 샘의 용기를 칭찬했습니다.

공부와 아르바이트, 교회 활동 등 뭐든지
열심히 하던 샘에게 어느 날 제안이 하나
들어왔습니다.

안녕하세요?

오, 네가 샘이구나.

내가 동네 미식축구 팀을 만들어 볼까 하는데, 입단하겠니?

내가 널 추천했어. 네가 체력은 동네 최고잖아.

그렇긴 해. 아르바이트를 매일 해서 체력이 좋거든.

샘은 특히 달리기를 잘해요. 아빠, 그것만 잘하면 된다고 하셨죠?

그렇지. 그게 가장 기본이니까.

그럼 저도 할래요. 해 보고 싶어요.

목표를 향해 돌격! **45**

샘은 5학년 때부터 동네 미식축구 팀원이 됐습니다. 샘이 속한 팀은 여러 팀과의 경기를 통해 주 대항 시합에까지 출전했습니다.

내가 일단 뒤로 뛰어서 저쪽까지 갈 테니, 나한테 공을 던져.

그럼 내가 다시 존에게 던질 거야. 할 수 있지?

샘은 다른 선수보다 불리한 체격 조건을 탁월한 판단력으로 극복했습니다.

그래, 알았어!

모두 샘의 말대로 *일사불란하게 움직여!

이번만 이기면 우리가 우승이다!

*일사불란: 질서가 정연하여 조금도 흐트러지지 않음

샘은 지기 싫어하는 승부 근성으로 운동장을 누비며 상대 팀을 지치게 했습니다. 게다가 뛰어난 책략까지 겸비해 그가 나오는 시합은 백전백승이었습니다.

샘, 우정과 맞바꾼 아르바이트로 돈은 꽤 모았겠다.

야, 그게 무슨 말이야!

그렇게 계속 돈을 긁어모으면 나중에 큰 부자가 되겠어!

아무튼, 우린 간다!

배달 마치고 생각 있으면 농구 코트로 오던지.

고객과의 약속은 소중한 거야. 그래서 열심히 하는 건데, 아무것도 모르면서……

친구들의 오해까지 사며 모으는 돈인데……. 이 돈이 먼 훗날 내가 하려는 일에 잘 쓰였으면 좋겠다.

고등학교에 들어간 샘은 본격적으로 공부에 매진하기 시작했습니다.

내가 원하는 대학에 가서 하고 싶은 공부를 하려면 더 열심히 공부해야 해.

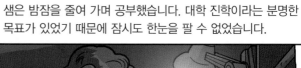

샘은 밤잠을 줄여 가며 공부했습니다. 대학 진학이라는 분명한 목표가 있었기 때문에 잠시도 한눈을 팔 수 없었습니다.

공부를 열심히 한 덕분에 샘은 학교에서도 우등생으로 손꼽히게 되었습니다.

쟤가 샘이지? 공부면 공부, 운동이면 운동. 모두 만능이래.

어떡해! 생긴 것도 귀엽다.

여자 친구가 없다고? 내가 사귀자고 해 볼까?

아르바이트에 공부, 학생 회장 일에 웅변 클럽 활동도 열심히 했던 샘은 학교에서 '가장 다재다능한 소년'으로 선출되기도 했습니다.

샘이 내 제자이긴 하지만, 정말 기특하지 뭡니까?

나중에 아주 큰 인물이 될 아이예요.

신은 참 불공평해요. 샘에게 너무 많은 능력을 주셨잖아요.

네? 운동 선수요?

그래! 프로 운동선수로 뛰어 볼 생각 없니?

하지만…… 저는 프로가 될 만큼 잘하지는 못하는걸요!

한번 잘 생각해 봐. 넌 정말 타고난 운동선수감 이라니까!

우와, 그래서 한다고 했어?

아니, 아직……

샘은 프로 운동선수를 해 보라는 제안을 받을 정도로 운동 실력도 좋았습니다.

왜?
너처럼 운동을
잘하는
사람도 드물잖아.

운동이 재밌기는 한데,
난 다른 걸 하고 싶어.

아깝다!
텔레비전에서
널 볼 수도
있었는데.

훗날, 무엇인가 목표를 정하면 돌진해
달성하고야 마는 샘의 기질은 사춘기
시절부터 운동을 통해 차근차근 쌓아
간 것이었습니다.

# 어린 시절, 남다른 경제관념을 가졌던 사람들

샘 월턴의 어린 시절은 다른 아이들과 뚜렷한 차별점이 있었습니다. 그건 바로 경제관념에 일찍 눈떴다는 것이지요. 세계적으로 유명한 CEO나 경제학자 가운데에는 샘 월턴처럼 일찌감치 경제와 경영 분야에 관심을 가진 사람이 많아요. 지금부터 그들의 어린 시절 경제관념에 대해 알아봅시다.

강철왕 앤드루 카네기

### 하나　앤드루 카네기

미국 최대 철강 회사의 소유주이자 자선 사업가였던 앤드루 카네기(1835~1919년)는 스코틀랜드의 한 가난한 집안에서 태어났습니다. 매일 모든 가족이 돈을 벌지 않으면 끼니를 때울 수 없을 정도로 궁핍한 환경에서 자란 카네기는 일찌감치 세상 물정에 눈떴고, 어린 나이에도 돈을 벌어 가난에서 벗어나야겠다고 마음먹게 되었습니다.

　카네기는 십 대 초반에 학교를 그만두고 공장을 다니며 생활비를 벌었습니다. 그는 매일 10시간이 넘게 공장에서 일하면서도 동네 도서관에 들러 책을 읽으며 지식 쌓는 일을 게을리하지 않았습니다. 어릴 때 토끼에게 먹일 풀을 뜯는 과정에서 동네 아이들의 무료 봉사를 이끌어 낼 정도로 똑똑한 아이였던 카네기는 곧 동네 도서관에서 책을 가장 많이 읽는 아이로 꼽혔습니다. 카네기는 비록 학교는 제대로 다니지 못했지만, 그 누구보다 교양이 넘치는 경영자가 되었어요. 어릴 때부터 가정 경제를 책임져 온 성실함과 근면함은 훗날 그를 '강철왕 카네기'로 만들어 주었습니다.

앤드루 카네기의 기부로 설립된 카네기 멜론 대학교
© Crazypaco.

앤드루 카네기와 동시대를 살았던 존 록펠러(1839~1937년)는
정유소를 차린 뒤 20여 년 만에 미국 정유 시장의 95퍼센트
이상을 장악하며 세계 최고의 부자가 된 사업가입니다.
록펠러의 어린 시절은 불우했어요. 가족의 생계를 신경 쓰지
않았던 아버지 때문에 가난한 생활을 했지요. 대신 그의
어머니가 나서서 가정을 꾸려 갔습니다. 그는 실질적인 가장
역할을 했던 어머니의 영향을 받아 '낭비는 죄악'이라는 신념을
갖게 되었어요. 록펠러가 열여섯 살이 되던 해, 농산물 중개
상점에서 회계를 맡아 일한 적이 있어요. 그는 이 시기에 배운
회계 일과 농산물 중개 상점 등에서 익힌 거래 비법을 토대로
뒷날 자기의 사업체를 꾸릴 수 있었습니다. 이후 록펠러는
엄청난 재산을 모았지만, 휴지 한 조각까지 어디서, 얼마에
구매했는지 꼼꼼히 정리해 두었다고 합니다. 그는 가난으로
인해 어쩔 수 없이 남들보다 일찍 사회에 발을 디뎠지만,
결과적으로 그것은 그에게 아주 좋은 약이 되었지요. 사업에서
은퇴를 선언한 뒤 록펠러는 자선 사업에 눈을 돌렸고, 자선
단체와 학교 등에 재산을 아낌없이 기부했답니다.

존 록펠러

존 록펠러가 설립한 정유 회사인 '스탠다드 오일'

## who? 지식사전

### 초라한 시작을 두려워하지 않은 사업가들

세계적인 기업의 경영자 중에는 다른 사람들보다 조금 빨리, 어린 시절부터 생업에 뛰어든 사람이
많습니다. 국제 금융 시장을 주도하는 대표적인 기업, '골드만삭스'의 CEO인 로이드 블랭크페인
(1954년~)은 열세 살에 뉴욕 양키스 경기장에서 음료수 장사를 했고, 미국의 대형 할인점 업체인
'코스트코'의 CEO 제임스 시네갈(1936년~)은 대학생 시절 할인점에서 아르바이트로 시작한 매트리스
운반이 생애 첫 일자리였지요. '델 컴퓨터'의 창업자인 마이클 델(1965년~)은 열두 살에 접시닦이
아르바이트를 시작으로 열여섯 살에는 신문사 영업 사원을 했어요.
모두 시작은 보잘것없었지만, 자기의 처지에 비관하거나 좌절하지 않고 더욱 나은 미래를 위해 열심히
뛰었고, 마침내 세계적인 기업의 경영자라는 높은 자리에까지 올라갈 수 있었답니다.

골드만삭스의 회장 로이드
블랭크페인
© Financial Times photos

셋 **워런 버핏**

세계적인 투자의 귀재, 워런 버핏(1930년~)은 어렸을 때부터 할아버지 가게에서 일을 도우며 시장 경제를 익혔습니다. 그의 할아버지는 동네에서 작은 식료품점을 운영했어요. 이곳에서 버핏은 할아버지가 상품을 팔며 기록하는 회계 장부를 유심히 관찰하며 상품을 어디서 대량으로 싸게 사오는지, 사람들에게 그 상품을 얼마의 이익을 붙여 파는지 알 수 있었지요. 경제의 흐름을 어느 정도 익힌 버핏은 할아버지 가게에서 껌과 콜라를 사서 자기가 직접 그것을 들고 돌아다니며 사람들에게 팔기도 했어요. 물론, 가게에서 산 액수보다 조금의 이익을 더 붙여 팔았지요. 이렇게 모은 돈으로 버핏은 열한 살 때부터 주식에 투자했답니다.

워런 버핏 ⓒ Mark Hirschey

훗날 버핏은 코카콜라 주식을 사들여 큰돈을 벌기도 했어요. 이것 역시 할아버지 가게에서의 경험이 밑바탕이 되었어요. 어린 버핏은 할아버지 가게에서 코카콜라가 매일, 매주, 매년 얼마나 많이 팔리는지, 또 콜라가 사람들에게 얼마나 인기가 좋은지를 깨닫게 되었고 이 경험을 토대로 코카콜라의 주식이 오를 것이라고 본능적으로 직감할 수 있었던 거예요. 이렇듯 버핏은 어린 시절부터 교과서에서는 배울 수 없는 소중한 현장 경험을 쌓을 수 있었습니다.

세계적인 부자이면서도 콜라와 햄버거를 즐겨 먹는 워런 버핏 ⓒ TEDizen

넷 **아니타 로딕**

"대담하라, 먼저 하라, 달라져라!" 이것은 자연주의 화장품 기업인 '더 바디샵'을 창업한 여성 사업가 아니타 로딕(1942~2007년)의 경영 철학입니다. 1976년에 처음 문을 연 더 바디샵은 10년 만에 영국에 90개 매장을 낼 만큼 성장했습니다. 또한 30개국 196개 매장을 운영하며 매년 5백만 파운드 이상의 이익을 냈습니다. 영국에서 태어난 아니타는 어린 시절부터 카페를 운영하는 부모님을 도우며 경제에 눈떴습니다. 아니타의 부모님은 평소 근검절약을 몸소 실천했어요. 아니타는 이런 부모님의 영향으로 상품의 재활용, 재사용 등을 보고 자랐으며, 훗날 이 개념들을 회사 운영에 적극적으로 활용했습니다.

그런가 하면 아니타의 아버지는 카페에서 일하는 사람들의 옷차림과 카페 실내 장식을 카페에서 파는 상품 종류에 따라 서로 조화롭게 변화시키는 세련된 판매 기술을 구사했습니다. 아니타는 뒷날 그녀가 세운 더 바디샵 매장의 실내 장식과 직원 옷차림새 등에 어릴 적 보고 배웠던 아버지의 비법을 적용했습니다.

또한 아니타는 평소에 최고 경영자의 건전한 이미지가 기업의 이미지를 높일 수 있다고 생각했어요. 그녀는 사회적 약자를 위한 복지 시설에 더 바디샵 이름으로 기부하며 부의 재분배를 실천했답니다.

기업인 아니타 로딕 ⓒ openDemocracy

자연주의 화장품 기업인 '더 바디샵'의 매장 ⓒ Purice21

## who? 지식사전

### 더 바디샵의 동물 실험 반대 캠페인

더 바디샵은 동물 실험 반대 캠페인을 시작한 최초의 화장품 회사예요. 1996년, 동물 실험 반대 캠페인을 시작하며 400만 명이나 되는 일반 시민의 서명을 받은 더 바디샵은 이를 유럽 연합(EU) 집행 위원회에 전달했답니다. 더 바디샵에서는 화장품 원료에서 완제품에 이르기까지, 화장품과 관련된 모든 과정에서 동물 실험을 반대하고 있지요. 영국 동물 생체 실험 폐지 협회(BUAV)가 제정한 '화장품에 대한 인도적 기준'을 철저히 준수하는 더 바디샵은 화장품 업계에서도 가장 높은 수준의 동물 복지 기준을 정해 시행하고 있으며, 이를 위해 정기적이고 철저한 감사를 진행하고 있습니다. 영국 왕립 동물 학대 방지 협회(RSPCA)에서는 더 바디샵의 노력을 인정해 2009년 공로상을 수여했고, 유럽 연합에서는 2013년에 영구적인 동물 실험 금지 법안을 만들었습니다.

더 바디샵의 모든 제품은 동물 실험을 거치지 않은 크루얼티 프리 (CRUELTY-FREE) 제품입니다. ⓒ AnimaNaturalis

# 3 시작은
미약할지라도

미주리 대학교 경영학과에 진학한 샘은 누구보다
열심히 공부하며 캠퍼스의 자유를 만끽했습니다.

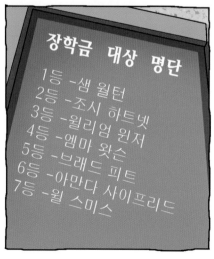

장학금 대상 명단

1등 -샘 월턴
2등 -조시 하트넷
3등 -윌리엄 윈저
4등 -엠마 왓슨
5등 -브래드 피트
6등 -아만다 사이프리드
7등 -윌 스미스

또 샘 월턴이
1등이야?

학점도 우수하지,
클럽 활동도 잘하지.
뭐 하나 빠지는 게
없잖아.

바쁘다, 바빠.
학점도 잘 따야 하고
클럽 활동도 빠지지
말아야 하고…….

샘은 학과 공부를 열심히 하면서도
직접 학비와 용돈을 벌었습니다.

그러던 어느 날, 샘이 '베타 티타 파이 클럽'이라는
미식축구 클럽에 가입하려고 할 때였습니다.

베타 티타 파이
CLUB

샘이
베타 티타
파이 클럽에?

아무리 샘이라도
거긴 힘들걸!

거긴 가입 조건이
까다롭기로
유명하잖아!

'샘이 가입 못 한다'를
두고 내기 한 판
하는 거 어때?

난 샘 월턴이야. 이 클럽에 가입하러 왔어.

여기 신청서도 가져왔어.

여긴 아무나 들어오는 데가 아니야!

가난뱅이는 끼워 줄 수 없다고.

널 받아 줄 다른 클럽을 알아보는 게 어때?

그런 말을 들으니까 더 가입하고 싶은데?

우리 학교에서 나만큼 미식축구를 잘하는 사람이 여기에 또 있나?

뭐, 뭐라고?

이 클럽에는 바보들만 모인 거야? 미식축구 클럽에서 왜 집안 경제 상황을 따지는 거지?

그리고 정확히 말하면, 너희가 부자인 게 아니라, 너희 부모님이 부자인 거잖아!

자신의 능력으로 돈을 번 것으로 따지면 여기 모인 그 누구보다 내가 뛰어날걸?

뭐 그럴 수도 있겠지⋯⋯.

엄

그럼 일단 가입은 시켜 주지. 하지만 네 실력이 우리 기대에 못 미치면 바로 탈퇴시킬 거야.

내가 뛰었던 팀은 하나같이 최고였어. 그러니 기대하라고!

미주리 대학교의 미식축구 클럽은 샘의 활약 덕분에 주 대항 경기에서 승리해 최고의 팀이 되었습니다.

그리고 샘이 2학년이 되자 베타 티타 파이 클럽 회원들은 주저하지 않고 샘을 클럽 회장으로 뽑았습니다.

네 덕분에 우리 팀이 계속 이기고 있어.

맞아, 실력이 나날이 좋아지고 있다고.

예전에 널 무시했던 거, 우리 실수였어.

난 다 잊었는걸. 그리고 과거는 중요하지 않아. 우리 앞만 보고 달려가자!

달리자!

베타 티타 파이 클럽, 파이팅!

샘 월턴 회장을 위하여!

샘이 4학년이 되었을 때는 남학생 명예 학회와
베타 티타 파이 클럽의 회장, 학생회와 ROTC(학사 장교 훈련단)의
대표까지 맡게 되었습니다.

이번이 마지막 학기로군.
자네는 앞으로
뭘 할 생각인가?

자네는 공부를 워낙
잘하니, 학교에 계속 남아도
좋을 것 같네.

시작은 미약할지라도 **63**

그런데 대학원 등록금이 워낙 비싸서 어떻게 해야 할지 고민입니다.

자네가 무얼 하고 싶은지 생각해 보게. 거기에 맞는 최선의 선택을 하면 될 걸세.

자넨 뭐든 열심히니, 어딜 가든 잘할 거야!

조언 감사합니다, 교수님.

샘은 대학교를 졸업할 무렵이 되자 고민에 빠졌습니다.

어쩌지? 그동안 모은 돈만으로는 대학원 등록금을 내기에 부족할 텐데.

부모님께 도와 달라고 할까?

하지만 샘은 나이드신 부모님께 부담을 드릴 수 없어 공부에 대한 미련을 접어야 했습니다.

대학원은 나중에 형편이 좋아지면 다니자. 지금 당장 급한 건 취직이야!

돈 많이 버는 일? 그건 복권이 최고지!

푸하하, 벼락 맞을 확률이 복권 1등 될 확률보다 높겠다!

얘들아, 좀 진지해져 봐. 난 정말 절박하다고!

네가 잘할 수 있는 일을 해 봐! 뭐든 재미를 느껴야 오래 할 수 있으니까 말이야.

그게 뭘까?

나도 내 코가 석 자다. 나야말로 앞으로 뭘 하지?

내가 잘하는 일, 재미를 느끼는 일……?

그래!
내가 오랫동안 해 왔던 일.
내가 재미있다고 느꼈던 일.
앞으로도 계속하고 싶은 일.
바로 그거야, 판매직!

샘은 그때 마침 미주리 대학교의
졸업생을 스카우트하기 위해 찾아온
'J. C. 페니'의 사원 모집 담당자를 만나게
되었습니다.

신입 사원 지원서

J.C. 페니

J. C. 페니는 오늘날의 슈퍼마켓 체인과 비슷한 회사였습니다. 전국에 지점을 갖춘 J. C. 페니는 어릴 때부터 물건을 사고팔기 좋아했던 샘에게 그야말로 딱 맞는 곳이었습니다.

J. C. 페니에서 일하면 온종일 물건을 사고팔 수 있겠구나. 내가 제일 좋아하고 잘하는 일을 하면서 돈도 번다니, 이거 아주 좋은데!

샘은 대학생 시절, 친구들과 백화점에 간 적이 있었습니다.

아하, 여기가 백화점이라는 거지? 어마어마하게 크다!

그간 살아온 곳에서 보던 상점과는 규모가 다른 백화점을 본 뒤, 큰 충격을 받았습니다.

세상에, 이런 매장이 다 있다니! 이런 곳에서 일할 수 있다면 얼마나 좋을까?

언젠가는 꼭 백화점 같은 매장을 차리겠어! 그러려면 일단 작은 상점에서라도 현장 경험을 많이 쌓아야 해.

샘은 졸업한 지 3일 만에 J. C. 페니 데모인 지점에 출근했습니다. 그곳에서 샘은 실습생으로 일을 배우기 시작했습니다.

샘, 저 손님 응대해 볼래? 저분은 우리 가게 단골손님이야.

네, 알겠습니다!

손님, 뭘 도와 드릴까요?

지난번에 산 이 비누 말이야, 너무 이상해. 낡은 느낌이잖아.

호오~, 그럴 리가요. 손님, 이 상표를 모르십니까?

이게 뭔데요?

이건 마르세유 비누입니다. 프랑스에서 100년 이상 비누를 만든 공방에서 만든 100퍼센트 수제 비누이지요.

요새 나오는 공장 비누랑은 차원이 달라요.

으응······, 그래요?

이걸 쓰시면 피부가 확실히 달라질 겁니다. 피부가 매끈매끈 해진다니까요!

그럼 계속 써 봐야겠네. 뭐, 다른 물건은 더 없나?

내가 앞으로 차근차근 알려 주지. 자네 실력이라면 금세 터득할 걸세.

잘 부탁합니다. 열심히 하겠습니다.

그래, 그래!

샘은 데모인 지점의 책임자인 덩컨의 도움으로 판매는 물론이고, 장부 정리와 판매 전표의 효율적인 작성, 상품 정리와 진열 방법, 심지어 매장 안을 청소하는 방법까지 처음부터 하나하나 배워 나갔습니다.

샘은 주중에는 상점에서 일했고, 단 하루 상점이 쉬는 일요일에는 상사인 덩컨의 집으로 찾아갔습니다.

샘, 일요일에도 쉬지 못해서 많이 피곤하지?

아니요. 점장님께 많은 것을 배울 수 있어서 피곤한 줄도 모르겠어요.

모든 사업의 기초는 이런 작은 점포에서부터 시작된다네. 이곳에서 배운 걸 활용하면 더 큰 규모의 상점을 여럿 꾸릴 수 있지.

네, 여러 개요?

자네는 경영학과 출신이고 장사꾼의 소질도 충분하니, 멋진 상점을 꾸릴 수 있을 거야.

생각만 해도 흐뭇한데요. 저도 제 상점을 가질 수 있을까요?

그렇고말고! 하지만 그전에 우리 가게에서 충분히 실무를 익히게나. 뭐든 기초가 중요하니까.

왜 이리 급히 먹어?

빨리 나가 봐야 해서요.

어디 가려고?

건너편 상점에요. 새로 상품이 들어왔다는데, 어떻게 진열하는지 보려고요.

그런 건 윗분들이 알아서 할 텐데, 너무 앞서 가는 거 아니야?

J.C PENNEY COMPANY

봐 두면 좋잖아요. 현장 공부도 되고요. 다녀올게요.

샘은 경쟁 상점에서 무얼 파는지, 진열은 어떻게 하는지, 손님맞이는 어떻게 하는지 등을 살펴보고 일일이 수첩에 메모했습니다.

우리 상점보다 이곳이 진열을 더 잘해 놨구나.

하지만 잘못한 점도 있네, 빛이 비치는 곳에 수건을 놓으면 색이 바래잖아! 진열을 잘못했군.

목욕제

목욕수건

내가 이 상점의 사장이라면 청소를 이렇게 하진 않을 거야.

나도 내 상점이 있었으면 좋겠다.

이것저것 상품 진열을 바꿔 보면서 소비자를 만족하게 할 만한 여러 실험을 해 볼 수 있을 텐데······.

회사를
그만둔다고?

네,
*징집영장이
나왔습니다.

*징집영장: 병역 의무자를 일정 기간 병역에 복무시키도록 하는 명령서

자넨 정말 성실하고
훌륭한 판매 직원이었어.
자네와 헤어져야 한다니,
매우 섭섭하군.

그동안 정말
감사했습니다.
많은 것을 배우고
갑니다.

샘이 스물네 살이던 1942년은 제2차 세계 대전 중이었습니다.
젊고 건강한 남자들에게 징집영장이 떨어진 가운데 대학 ROTC(학사 장교 훈련단)
출신인 샘은 전쟁터에 나가 현역 장교로서 복무해야 했습니다.

입대를 위해 신체검사를 받던 샘은 뜻밖의 말을 들었습니다.

심장에 약간 이상이 있군요. 일상생활은 괜찮겠지만, 해외 파병은 무리예요.

네? 그럼 저는 어떻게 해야 하죠?

일단 군수물 임시 보관소에서 군 소집에 대비하며 기다리세요.

아, 네…….

CAMP U.S.A ARMY

샘은 군수물 임시 보관소에서 행정 업무를 보며 군 생활을 해 나갔습니다.

샘, 당신은 꿈이 뭐예요?

내 꿈은 아주 큰 상점을 경영하는 거야. 미국에서 가장 큰 백화점 같은 상점을!

그러던 중 헬렌 롭슨이라는 여성을 만나게 되었고, 샘은 첫눈에 반했습니다. 헬렌은 아름답고 똑똑한, 활력이 넘치는 아가씨였습니다.

난 어려서부터 사업하는 부모님의 모습을 보고 자랐어요. 부모님은 늘 내게 사업가와 결혼해야 한다고 말씀하셨지요.

당신이 그런 큰 꿈을 품고 있을 줄은 몰랐어요.

우린 정말 잘 만났군! 미래의 사업가인 내가 바로 그 사윗감 이잖아!

우리 행복하게 잘살아요, 헬렌.

우린 정말 천생연분인가 봐요~.

둘은 사랑에 빠졌고, 마침내 결혼을 결심하게 되었습니다.

당신 부모님께서 날 좋아하셔야 하는데, 긴장되는걸.

걱정하지 마요. 당신은 아주 멋진 남자이니, 모두 좋아할 거예요.

헬렌의 집은 부유했습니다. 헬렌의 아버지는 법률가이자 은행가였고, 큰 목장까지 운영하고 있었습니다.

자, 말해 보게. 자네는 어떤 이상을 가지고 있는가?

저는 어릴 때부터 판매 업계에서 오랫동안 일해 왔습니다. 판매라면 그 누구보다 자신 있습니다.

미국에서 가장 큰 유통 매장을 만드는 게 제 목표입니다. 그 목표를 이루기 위해 최선을 다할 것입니다.

샘은 그 누구보다 심지가 굳고 의지가 강해요.

따님을 제게 주십시오! 행복한 가정을 꾸리겠습니다.

가진 거라곤 맨주먹뿐이었지만, 당당한 샘의 모습에 헬렌의 가족은
호감을 느꼈고, 결혼을 허락했습니다. 샘과 헬렌은 1943년 2월 14일,
밸런타인데이에 결혼했습니다.

샘은 군인 생활을 하는 2년여 동안
제대 뒤 바로 사업에 뛰어들 수 있도록
차근차근 준비했습니다.

그래, 이제 준비는 끝났어.
지난 2년간 소매업에 대한 책을
충분히 읽었고, 부대 근처의
백화점을 샅샅이 둘러보며
할 수 있는 건 다 했어.

이제는 실전에
나설 때야!

# 우리 생활과 가까운 유통

샘 월턴을 두고 흔히 유통업의 혁명을 일으킨 사람이라고
평가합니다. 그럼 지금부터 유통이란 무엇인지, 샘 월턴이
어떤 면에서 혁명을 일으킨 것인지 함께 알아보아요.

## 하나  유통이란 무엇일까?

만들고, 보관하고, 운반하고 파는 하나의 흐름을
'유통'이라고 합니다. ⓒ Matt H. Wade(User:UpstateNYer)

유통이란, 어떤 상품이 만들어져서 그것이 소비자에게
넘어갈 때까지의 흐름을 말해요. 아주 먼 옛날, 모두가
자급자족하던 시절에는 논과 밭, 산과 바다에서 직접
거둔 것을 가족과 함께 쓴 뒤, 남는 것을 주변에
내다 팔았어요. 즉, 생산자가 직접 상품을 들고 나가
팔았지요. 하지만 이 방법으로는 육지에 사는 사람은
바다에서 나는 상품을 구하기 어렵고, 산골짜기에
사는 사람은 도시에서 만든 상품을 구하기
어려웠기에 그다지 효율적이지 않았습니다. 시간이
지나면서 산업의 발달로 상품의 종류가 점차 늘어나고,
도로가 갖춰지며 마차나 수레, 기차, 배, 자동차 같은
운송 수단이 생겨났어요. 그러면서 상품이 오가는 방법도
바뀌었어요. 큰 공장에서 대량으로 만들어 낸 상품을 화물
열차나 트럭을 이용해 한꺼번에 운반하고, 거리 한복판의
상점에서 판매를 담당하게 되었지요. 이렇게 생산과 운반
시스템이 갖춰지자 상품을 '만드는 사람', '보관하는 사람',
'운반하는 사람', '파는 사람'으로 직업이 세분화되었어요.
이처럼 '만들고, 보관하고, 운반하고, 파는' 하나의 흐름을
통틀어 유통이라고 부릅니다.

앞으로 기술이 발전할수록 사람들의 욕구는 점점 더 다양해질
것이고, 그만큼 유통의 중요성은 더욱 높아질 것입니다.

상품을 만드는 사람 ⓒ Neil Palmer(CIAT)

## 둘 ᐳ 유통 관련 직업의 종류

**상거래와 물류:** 유통 업계에서 일하는 사람은 사고파는 것을 주로 담당하는 사람과 운송·보관을 주로 담당하는 사람으로 나눌 수 있습니다. 생산자가 만든 상품은 도매상과 소매상을 거쳐 소비자에게 전달됩니다. 돈은 반대의 흐름으로 전달되지요. 이처럼 사고파는 과정에서 상품과 돈의 흐름이 왔다 갔다 하는 것을 '상거래'라고 말해요. 우리는 모두 상거래를 하면서 살고 있답니다. 한편, 생산자 → 도매상 → 운송업자 → 소매상으로 상품과 돈이 왔다 갔다 하는 것은 '물류'라고 불러요. 즉, 물류는 운송이나 보관 과정이 포함된 것이랍니다.

보관하는 사람 ⓒ NancyHeise

**소매업자와 도매업자:** 유통업계에서 상거래에 관련된 일을 하는 사람을 두고 '유통 업자'라고 불러요. 즉, 샘 월턴처럼 누군가로부터 상품을 대량으로 사서 그걸 소비자에게 파는 사람이 유통 업자인 것이지요. 유통 업자는 소매업자와 도매업자로 나뉘는데, 소매업자는 백화점이나 슈퍼마켓, 할인점, 편의점, 노점 등에서 일반 소비자를 상대로 상품을 파는 사람을 말해요. 도매업자는 이런 소매업자에게 한꺼번에 많은 양의 상품을 파는 사람을 말한답니다.

운반하는 사람 ⓒ MrHicks46

**운송업자:** 유통업계에서 운송이나 보관과 같은 물류를 담당하는 사람을 통틀어 '운송업자'라고 불러요. 운송은 트럭, 철도(기차), 해운(배), 항공(비행기)으로 나눌 수 있는데, 이 시설들이 잘 발달해야 상품이 원활하게 이동할 수 있답니다. 따라서 한 나라의 교통망이 얼마만큼 잘 발달해 있는가를 보면, 그 나라의 유통업이 얼마나 발전했는지도 자연스럽게 알 수 있습니다.

판매하는 사람
ⓒ Adam Jones, Ph.D. – Global Photo Archive

**81**

### 셋 샘 월턴의 유통 혁명

샘 월턴의 유통 혁명이란, 한 마디로 '가격 인하'에 있습니다. 상품의 가격을 깎는 것은 이전에도 많은 상인이 사용한 고전적인 방법인데, 샘의 경우는 다른 상인들보다 가격 인하의 폭이 매우 컸다는 데 차별점이 있어요.

이처럼 상품의 값을 큰 폭으로 낮추어 팔 수 있었던 이유는 샘 월턴이 유통의 기본 흐름을 효율적으로 바꾸어 놓았기 때문입니다. 원래 유통은 '생산자 → 도매업자 → 소매업자' 순서로 가는데, 샘은 이 과정에 여러 단계의 도매업자가 개입하면 비용이 올라간다는 것에 주목했어요. 그래서 도매업자가 하던 업무에 직접 뛰어들었지요. 생산 공장이나 농장 등에 직접 찾아가 상품을 대량으로 싸게 산 뒤, 거기에 아주 적은 이익만을 붙여 자신의 상점에서 되팔았던 거예요. 이렇게 하자 그와 경쟁하는 다른 백화점과 상점 등은 경쟁력을 잃고 하나둘 도태되었습니다.

게다가 샘은 1990년대부터 컴퓨터를 이용해 상품이 어느 매장에서 얼마나 팔리고, 재고가 얼마나 남았는지 훤히 알 수 있도록 시스템을 발전시켰어요. 또한, 물류 센터를 세워 운송까지 직접 맡으면서 월마트는 다른 할인점보다 더욱 싸고 빠르게 상품을 팔 수 있게 되었습니다.

샘 월턴의 가격 인하 정책은 유통의 기본 흐름을 바꿔 놓았습니다. ⓒ Walmart Corporate

월마트의 물류 창고 ⓒ Walmart Corporate

### 넷 유통업의 종류

**할인점**: 365일 언제나 상품을 싸게 파는 소매점을 말해요. 최저 가격에 중점을 둔 상점으로, 우리나라에서는 보통 '대형 마트'라고 부르기도 해요. 슈퍼마켓은 셀프서비스 방식으로 인건비를 줄여 상품 가격을 낮추는 데 반해 할인점은 현금을 주고 대량으로 상품을 사들여 가격을 낮추지요. 그리고 가능한

대량으로 팔고, 인건비나 점포의 운영비도 절약하여
이익을 내는 구조로 운영된답니다.

할인점에는 여러 종류가 있는데, 월마트처럼 거의 모든
상품을 취급하는 종합 할인점과 전자, 공구, 자동차 등
특정한 상품들만 따로 파는 전문 할인점으로 나뉘어요.

대량 판매로 상품의 가격을 낮추는 대형 마트
ⓒ Raysonho @ Open Grid Scheduler / Grid Engine

**백화점:** 사람들에게 필요한 의식주에 연관된 상품을
다양하게 갖추어 놓고 파는 곳을 말해요. 특별 할인
기간을 제외하고는 정해진 가격으로 상품을 팔며,
점원이 옆에서 일일이 설명하고 안내하는 서비스를
하는 고급스러운 이미지의 대규모 소매점이지요. 19세기
후반에 유럽에서 처음 생겼는데, 우리나라의 경우에는
1930년 서울에 생긴 미츠코시 경성 지점이 최초의
백화점으로 기록되어 있습니다.

**슈퍼마켓:** 슈퍼마켓은 직접 상품을 골라 계산대로 가져간
뒤 그것을 다시 직접 담아 가져가는 셀프서비스 방식을
쓰고 있어요. 주로 식품 중심으로 생활에 필요한 생필품을
파는 소매점이지요. 판매하는 상품에 따라 식품 슈퍼마켓,
의료품 슈퍼마켓, 종합 슈퍼마켓으로 구분합니다.

백화점의 의류 판매장 ⓒ Loren Javier

**편의점:** 말 그대로 상품을 사는 사람에게 '편의'를 제공하는
상점을 말해요. 식품이나 일용품처럼 늘 필요한
상품을 언제든 구매할 수 있게 해 놓았다는 장점이
있어요. 보통 연중무휴이며, 24시간 영업하는 곳이
많습니다. 주택가나 역 근처, 도로가 등 소비자가
접근하기에 편한 곳에 들어서지요. 편의점은 가맹점
형태로 운영되면서, 본사와 연결되어 물품의 재고를
알 수 있는 시스템을 갖추고 있습니다.

식품 등 일용품 위주로 구비해 놓은 편의점 ⓒ Wilson Loo

# 할인 판매의 최전선에서

1945년, 제대한 샘은 헬렌의 부모로부터 제안을 받았습니다.

우리 집 근처로 이사 오게.
내 밑에서 일하며 집안
사업을 도와주게.

아버님,
전 제 사업을
하고 싶습니다.

그래?
그럼 사업 자금이 필요하겠군.
말만 하게. 자금을 대 주겠네.

사업을 하자면 정신이
없을 테니, 아이들은 내가
돌봐 줄게.

두 분의 호의는 감사합니다.
하지만 저희 힘으로
해 보겠습니다. 저희 둘 다 아직
젊고 건강하니까요.

샘은 자기 힘으로
일어서고 싶어 해요.
롭슨 가의 사위가 아니라
샘 월턴, 그 자체이기를
원하고 있어요.

역시 내 사위야!
자네의 생각도
모르고 내가 너무
간섭했구먼.
미안하네.

하지만 언제든
도움이 필요하면
말하게.

샘과 헬렌은 성공적인 첫 사업을 위해
계획을 세워 나갔습니다.

첫 사업이니,
일단 우리가 감당할 수 있는 선에서
소박하게 시작하고 싶어요.

헬렌은 어릴 때부터 사업하는 아버지의
*희로애락을 지켜보며 자랐습니다.

끄
덕

맞아요. 아버지의 경우를
보더라도 사업은
여러 가지 변수를
신중히 생각해야
하더라고요.

그렇지요? 그럼 일단
우리가 가진 돈의 범위
내에서 상점을 낼 수 있는
곳을 찾아봐요.

우리 수중의 돈으로
가게를 차리기에 딱 알맞은
도시 규모군. 너무 크지도
너무 작지도 않아.

여기라면 애들 키우기에도
좋겠어요. 난 대도시보다 이렇게
작고 소박한 곳이 좋더라고요.

뚝 딱

벤프랭클린

뚝 딱

스물일곱 살의 샘은 그동안 모아 놓은 돈으로 다 쓰러져 가는 '벤프랭클린' 뉴포트 지점을 인수해 개업했습니다.

여긴 너무 시골이구나.

저희가 가진 돈으로는 이 정도의 지방 도시가 적당해요.

여긴 텃세 높기로 소문이 자자하던데, 괜찮겠나?

저희도 그 점이 좀 걱정입니다. 그래서 헬렌과 함께 해결할 방법을 생각하는 중입니다.

타지 사람이 여기가 어딘 줄 알고 들어와?

'스털링 스토어'에 가면 온갖 게 다 있는데, 누가 저런 가게에 간담?

얼마나 빨리 망하는지, 우리 내기할까요?

하 하

킬 킬

샘이 인수한 벤프랭클린 뉴포트 지점은 구식 상점이었습니다. 이전에 운영했던 사장의 방만한 경영으로 단골손님도 거의 없는 형편이었습니다.

*희로애락: 기쁨과 노여움과 슬픔과 즐거움을 아울러 이르는 말

잘될까요?
다들 우릴 보고
뒤에서
수군거리던데요?

신경 쓰지 마요.
열심히 최선을
다하면 모두
잘될 거예요.

사람들이 이용하기
편리한 상점을 만든다면,
사람들이 먼저 찾아올 거예요.

샘과 헬렌은 교회와 지역 사회 모임 등에 나가
주민들과 자연스럽게 친해지려 노력했습니다.

특히 헬렌은 바쁜 남편을 대신해 봉사 모임에도
적극적으로 참여했습니다.

샘은 경쟁 상점인 스털링 스토어에 자주 찾아갔습니다.

안녕하세요?
전 벤프랭클린을 인수한
샘 월턴이라고 합니다.

아, 네……

한번 둘러봐도 될까요?
이곳이 워낙 훌륭하다고
소문나서요!

전 아직 나이도 어리고
경험도 부족해서 사장님의
비법을 배우고 싶습니다.

아, 뭐
그거야……

와, 저 사람은
뭐지?

성격이 좋은 거야,
뻔뻔한 거야?

왠지 한 방 먹은
느낌이다!

저 사람,
못 오게 할까요?

구경만 한댔으니,
내버려 둬.

샘은 길 건너편의 스털링 스토어를 늘 눈여겨보았습니다. 그리고 예전에
J. C. 페니 데모인 지점 근처의 경쟁 상점들을 매일 관찰했던 것처럼,
스털링 스토어를 매일 관찰했습니다.

헬렌, 가게 좀
봐 줘요.
나갔다 올게요.

또 스털링 스토어에
가려고요?

새로운 상품이
들어오나 봐요.
상자가 밖에
쌓여 있어요.

샘은 경쟁 상점에 뭔가 자그마한 변화라도 생기면
놓치지 않고 바로 달려가 확인했습니다.

확실히
우리 상점보다
스털링 스토어에
상품 종류가 많구나.
가격도 저쪽이 더 낮아.
이 차이를 따라잡지 못하면
우리 상점의 미래는 없어.

요새 교회 청년부가 사라질 위기라고요?

젊은이들이 대도시로 자꾸 나가니, 여기 같은 소도시에는 노인만 남아 있지요.

청년들이 살면서 아기를 낳아야 우리 도시가 활기를 띨 텐데요.

청년부가 사라질 위기라면 확실히 노인 인구가 더 높다는 거네. 그럼 우리 상점도 앞으로 주요 판매 품목을 바꿔야 하나?

지난번에 산 밀가루가 많이 남았네.

쿠키나 빵을 만들려면 밀가루가 많이 필요하잖아요?

요샌 사람들이 집에서 음식을 해 먹는지 카페에 손님이 줄었다네.

언제부터 그랬죠?

언제더라? 샘이 우리 동네에 오기 전부터 그랬던 것 같군.

그래요?

카페 사장이 그러는데, 손님이 줄어서 카페 매출이 떨어졌대요.

청년층이 점점 줄어드니까요. 어르신들은 집에서 요리해 드시거든요.

집에서 요리한다고?

그래, 그거야! 집에서 음식을 만드는 사람들을 위해 베이킹 재료를 아주 세분화해서 파는 거지. 가격도 할인해 주고요.

좋은 생각이에요! 그렇게 하면 주부들이 호기심이 생겨 우리 상점에 올 거예요.

샘은 동네의 특성에 맞추어 상품을 가져다 놓고 사람들의 눈길을 끌도록 광고지를 나누어 주었습니다. 샘의 예상은 적중했고, 열심히 노력하는 샘의 모습에 사람들은 점차 마음을 열었습니다.

샘이 운영하던 벤프랭클린 상점은 미국 전역에 가맹점이 있는 *프랜차이즈 형태였습니다.
샘은 이곳에서 상점 경영의 기본적인 비법을 차근차근 배울 수 있었습니다.

벤프랭클린은 본사가 대량으로 싼값에 구매한 상품을 가맹점에 공급해 주고,
각 가맹점에서는 갖가지 상품을 종류별로 분류해 상점에 진열해 파는 시스템을 갖추고 있었습니다.

상품이 수백 종류가 넘으니, 관리가 너무 힘들군.

그래도 J. C. 페니에서 배운 게 많아서 다행이야. J. C. 페니와 벤프랭클린에서 배운 비법을 나중에 대형 상점을 열 때 요긴하게 써먹으면 되겠어.

*프랜차이즈: 본사에 일정한 돈을 지급하면 경영 비법을 계속 알려 주는 장사 시스템

샘은 어릴 때부터 갈고닦은 장사 비법과 부지런히 익힌 현장 경험을 바탕으로 장사꾼으로서의 탁월한 실력을 선보였습니다.

여기도 비싸네.

다른 가게도 비싸긴 마찬가지야.

왜요, 마음에 안 드세요?

다양한 색의 뜨개실을 사려고 했는데, 값이 비싸서 말이야.

여러 가지 뜨개실을 사면 예쁘게 뜰 수 있거든.

그러고 보니, 이 동네 할머니들은 뜨개실을 자주 찾는데, 가격이 높구나.

가격을 내릴 수 없다고요? 왜죠?

그야 버틀러에서 정해 준 가격으로만 공급해야 하니까요.

여긴 노인을 위한 용품이 잘 팔리는데, 버틀러에서 주는 도매가격은 너무 높군요. 그럼 우린 다른 도매 업체를 찾겠습니다.

그렇게 할 순 없어요.

당시 벤프랭클린 점주들은 본사에서 정해 준 도매업자인 '버틀러 브라더스'에게서 상품을 받아 팔아야 했습니다.

프랜차이즈 계약을 기억하시죠? 가맹점은 본사에서 정해 주는 도매 업체에서만 상품을 받을 수 있다고요.

버틀러의 상품 가격은 우리 지역 실정과는 맞지 않아. 내가 직접 돌아다니며 공장이나 도매 업체를 발굴해야겠어.

뉴포트

전 벤프랭클린 뉴포트 지점의 샘 월턴이라고 합니다. 사장님과 거래를 하고 싶습니다.

우선 뜨개질바늘과 털실, 이 두 종류만 팔아 보고 다른 것도 사러 올게요.

좋습니다. 상품값만 제때 준다면, 우리야 좋지요.

단, 저와만 거래하셔야 해요. 버틀러와는 거래하시면 안 돼요.

이 지역에서 버틀러의 영향력을 잘 아시면서…….

저와 계약하시면 버틀러와 거래할 때보다 상품값을 10퍼센트 더 드리지요.

샘은 어린 시절 봤던 아버지처럼 협상 솜씨를 발휘해 독점으로 공급해 줄 수 있는 제조 업체와 도매 업체를 찾았습니다.

양말제조

이 양말을 저희 상점에만 독점으로 주세요. 이 공장 전체 판매량의 절반을 책임질게요.

샘은 좀 더 싼값에 공급해 주는 곳에서 상품을 샀습니다.
그리고 본사 지침과는 다른 새로운 할인 방법을 개발했습니다.

현장의 분위기?
그게 뭐요?

여긴 노인 인구가
월등히 높아요.

그런데 본사에서 주는
상품 중 노인을 위한
상품은 할인 품목이
아니잖아요. 그래서
제가 도매처를 새로
발굴해 그 품목만
싸게 판 겁니다.

제가 적용해 보고 괜찮은
마케팅 방법은 서류로 정리해서
본사로 보내겠습니다. 그걸 보고
판단해 주세요.

그러고 보니,
당신의 말도
일리는 있군요.

판매 비법을 적용해 보고
좋은 건 모두 공유하고요.
손해를 본다면 우리가
감수할게요. 그래도
안 되나요?

그렇게
해 준다면야……

절대로 본사에
손해 입히지
않겠습니다.
저희의 경험을
믿어 주세요.

샘의 상점은 곧 그 지역에서 가장 매출이 높은 상점이 되었습니다.

샘 아저씨네에서 아이스크림을 판대!

엄마, 얼른 아이스크림 사러 가요!

맛있는 아이스크림과 팝콘도 판대!

뉴포트 지점에서 왜 우리 상품을 덜 사 가는 거요? 본사에서 압력 좀 넣어 봐요!

그럴 수 없습니다. 이 매출액 좀 보세요. 아칸소주에서 뉴포트 지점 매출이 제일 높잖아요. 이렇게 실적이 좋은 곳은 그냥 놔두는 것이 좋다고요.

벤프랭클린 본사.

상점 매출 현황

그래도 이건……

압력을 넣었다가 매출액이 떨어지면? 버틀러에서 책임질 거요?

아니, 그걸 왜 우리가 책임져요?

그런 게 아니라면, 버틀러 브라더스에선 더 이상 이 일에 대해 왈가왈부하지 마세요!

일요일, 지역 사회 다과회 모임.

스털링에서 상점을 확장하려고 거길 임대할 거라던데?

뭐, 스털링 스토어가 확장한다고? 그럼 우리 상점 매출이 떨어질 텐데…….

들었어요? 스털링 스토어 옆 가게에서 새로운 *임차인을 찾는대요.

*임차인: 돈을 내고 물건을 빌려 쓰는 사람

샘은 급히 동생에게 연락했습니다.

버드,
와 주었구나.

형님,
잘 지냈죠?

저곳이 스털링 스토어구나!
보기에도 만만치
않아 보이네요.

샘이 저 가게를 따라잡으려고 엄청나게
열심히 일했거든요.

이제 겨우 매출이
좋아지고 있는데,
스털링 스토어가
확장하면 우린 상승세가
꺾이게 돼.

그럼 우리 가게가
두 곳이나 되니, 정신
바짝 차리고 열심히
일해야겠어요.

스털링보다 우리가 먼저
그 가게를 빌려야 해요.

곧바로 샘은 가게를 하나 더 빌려 사업을 확장했습니다. 샘이 새로 시작한 상점은 스털링 스토어 옆에 있었습니다. 샘은 동생과 함께 바닥 청소부터 상품 나르기, 진열에 이르기까지 허드렛일을 도맡아 했습니다.

상점에 손님이 많네.

아빠, 엄마가 엄청나게 바빠 보여.

그럼 우리도 상점 일을 돕자!

너희까지 힘들게 일 안 해도 돼.

아니요, 우리도 돕고 싶어요.

샘이 뉴포트에 들어간 지도 어느덧 5년의 세월이 흘렀습니다.

안녕하세요, 사장님!

자네에게 할 말이 있어서 왔네.

난 자네와 재계약할 생각이 없네. 그러니 내 건물에서 나가게.

네? 저더러 이 건물에서 나가라고요?

아니, 사장님! 이건 말도 안 돼요. 여긴 제 상점이라고요.

샘 월턴, 착각하지 말게! 난 임대인이고, 자넨 임차인이야!

벌떡

건물 주인은 오래전부터 샘의 상점을 눈독 들이고 있었습니다. 그는 임대 기간이
끝나자 샘의 상점을 아들에게 주기 위해 샘과의 계약을 연장하지 않았습니다.

사장님, 임대료를
올려 드릴게요.

자네 상점의
시설물과 재고품은
적절한 가격에
사겠네. 그러니
얼른 떠나게.

사장님⋯⋯.

샘은 5년간 애지중지 운영하던 첫 상점을 떠나야 했습니다. 수년간 피땀 흘리며
키운 자기 상점을 내주고 나가는 샘의 마음은 쓰리기만 했습니다.

# 세계의 부자들

샘 월턴, 스티브 잡스, 앙리 네슬레……. 이들은 모두 세계적인 부자라는 공통점이 있습니다. 과연 이 사람들은 어떻게 부를 쌓았을까요? 부모님으로부터 부를 물려받은 경우도 있지만, 본인의 피나는 노력으로 부자가 된 사람도 많답니다. 지금부터 창의력과 독특한 기술, 남다른 추진력으로 부자가 된 사람들에 대해 함께 알아볼까요?

애플을 설립한 스티브 잡스 ⓒ Matthew Yohe

애플의 로고와 스티브 잡스가 늘 강조한 '다르게 생각하기(think different)' ⓒ Stoopkitty

### 하나    애플을 만든 스티브 잡스

애플의 창업자 스티브 잡스(1955~2011년)는 2011년 10월에 세상을 떠났습니다. 하지만 아이폰과 아이맥의 새로운 시리즈가 나올 때면 항상 스티브 잡스가 회자될 정도로 정보 통신 업계에서 그의 존재감은 지금도 대단합니다.

잡스는 미혼모의 아이였어요. 그래서 태어나자마자 양부모에게 입양되었지요. 어린 시절부터 기계에 관심이 많았던 잡스는 스무 살 때부터 대학교에서 만난 스티브 워즈니악과 컴퓨터 사업을 시작해 애플을 설립했습니다. 투자자를 구하지 못해 회사가 부도 위기에 몰린 적도 있었고, 경영 악화로 자신이 일군 회사에서 해고당하는 비운을 겪기도 했어요. 하지만 그는 창립 4년 만에 개인 재산이 2억 5천만 달러에 이르는 부자가 되었고, 2007년과 2009년에는 미국 〈포춘〉지가 뽑은 '세계 최고의 CEO'에 선정되었어요. 세상에 없던 새로운 것을 만들고자 끊임없이 노력했던 잡스의 열정과 창의력은 개인용 컴퓨터를 대중화시켰고, 컴퓨터의 기능을 손안의 휴대 전화기로 옮겨 놓았습니다. 그가 창조해 낸 아이폰, 아이팟, 아이패드, 아이맥이라는 혁신적인 정보 통신 기기는 오늘날의 애플을 있게 했지요.

전 세계의 많은 어린이들이 좋아하는 레고 블록은 덴마크의 한 목수에 의해 만들어졌습니다. 가난한 목수였던 올레 키르크 크리스티얀센(1891~1958년)은 1932년, 경제 불황 때문에 아이들에게 장난감을 사 주지 못하게 되었어요. 그는 고민 끝에 자식들에게 줄 예쁜 목공 장난감을 직접 만들었지요. 알록달록 색을 칠한 나무 장난감을 본 이웃 아이들이 그의 목공소에 몰려와 장난감을 만들어 달라고 부탁했어요. 올레는 이참에 목공소를 장난감 작업실로 만들고, 덴마크어로 '재미있게 놀다'라는 뜻인 'Leg Godt'를 줄여 '레고(LEGO)'라는 이름으로 어린이용 장난감을 전문으로 만들기 시작했습니다.

레고(LEGO)는 '재미있게 놀다(Leg Godt)'의 줄임말입니다.

아버지의 뒤를 이어 레고 사를 물려받은 고트프레드 크리스티얀센(1920~1995년)은 10가지 기본 규칙을 세우고, 레고 사를 성장시키려 노력했어요. 레고의 원재료를 나무에서 합성수지로 바꿨고, 끼워 맞출 수 있는 홈을 개발해 자유자재로 연결할 수 있는 새로운 조립법도 고안해 냈지요. 가벼우면서도 기차나 건물 등 수백 가지 모양으로 만들 수 있는 레고 블록은 전 세계 어린이의 폭발적인 인기를 끌었고, 레고 사는 세계적인 기업으로 성장했답니다.

블록 장난감은 끼워 맞출 수 있는 홈이 있어서 다양한 연출이 가능합니다. ⓒ Priwo

# who? 지식사전

## 레고의 10가지 기본 규칙

1. 놀이의 가능성이 무한할 것
2. 여자아이와 남자아이 모두를 위할 것
3. 모든 연령의 아이들에게 맞을 것
4. 일 년 내내 가지고 놀 수 있을 것
5. 아이의 건강과 편안함을 고려할 것
6. 적당한 놀이 시간을 지킬 수 있을 것
7. 발전, 환상, 창의력을 증대시킬 것
8. 더 많은 놀이의 가치를 증폭시킬 것
9. 쉽게 보충할 수 있을 것
10. 품질이 완전할 것

레고 블록으로 만든 도시

### 셋  베네통을 만든 루치아노 베네통

의사를 꿈꾸었던 소년 루치아노 베네통(1935년~)은 제2차
세계 대전 당시 아버지가 세상을 떠난 뒤, 어려워진 가정
형편에 보탬이 되고자 양복점 점원으로 취직했습니다.
스무 살이 된 루치아노는 낮에는 양복점에서 일하고,
밤에는 여동생 줄리아나와 함께 스웨터를 디자인하고
만들어 판매했지요. 그러다가 그는 젊은이들이 칙칙한
색상의 옷에 식상해 있다는 점을 깨닫고, 화려한
원색의 스웨터를 만들었어요. 이 스웨터는 젊은이들
사이에서 큰 인기를 끌었답니다.

화려한 원색의 옷감을 사용하는 베네통

스웨터 사업이 활발해지자 루치아노는 회사 이름을
자신들의 성을 따서 '베네통'이라 지었습니다.
베네통이 승승장구하자 곧 이들과 비슷한 옷을
만드는 회사들이 생겨났고, 루치아노는 '후염'이라는 방법으로
돌파구를 마련했어요. 후염이란 스웨터를 짠 뒤 나중에
염색하는 작업인데, 이 공정을 통해 다양한 색상의 스웨터를
더 쉽게 생산할 수 있게 되었지요. 또한, 파격적이고도 대담한
미디어 광고를 통해 베네통을 전 세계 사람들에게 알리며
명실상부한 세계적인 의류 브랜드로 키워 냈답니다.

세계에서 가장 유명한 브랜드인 코카콜라
© The Coca-Cola Company

### 넷  코카콜라를 만든 아사 캔들러

미국의 가난한 집안에서 태어난 아사 캔들러
(1851~1929년)는 열 살이 되던 해 미국 남북 전쟁이 터져
고등학교도 제대로 마치지 못한 채 동네 약국의 점원으로
취직했습니다. 캔들러는 정규 교육을 끝마치진 못했지만,
약사라는 꿈을 이루기 위해 낮에는 약국에서 일하고 밤에는
라틴어와 희랍어, 화학과 의학을 공부했어요. 마침내 그는
스물다섯의 나이에 자신의 약국을 개업할 수 있었지요.

그러던 어느 날, 그는 존 펨버튼이라는 약사가 개발한 코카콜라를 맛보게 됐어요. 캔들러는 코카콜라가 남녀노소 누구나 먹을 수 있는 음료수라는 점에 주목하고, 코카콜라 지분 전부와 제조법을 모두 사들였습니다. 또한, 다른 사람들이 코카콜라를 따라서 만들지 못하도록 특허를 냈지요. 캔들러는 낮에는 코카콜라 판매를 위해 이곳저곳으로 뛰어다녔고, 밤에는 공장에서 직접 코카콜라를 만들며 바쁜 나날을 보냈어요. 그렇게 자신의 모든 것을 쏟아부은 캔들러는 얼마 지나지 않아 수천만 달러를 손에 쥔 미국의 대부호가 되었고, 코카콜라는 오늘날 세계에서 가장 유명하고 가장 높은 가치를 인정받는 브랜드가 되었답니다.

아사 캔들러 © GPB News

### 다섯 　네슬레를 만든 앙리 네슬레

세계 초우량 식품 회사인 네슬레는 1866년, 스위스의 앙리 네슬레(1814~1890년)라는 무명의 화학자가 세운 연유 회사에서 시작되었습니다. 당시에는 산모의 젖이 부족해 아이가 사망하는 경우가 많았어요. 네슬레는 이웃집 아기의 죽음을 본 뒤, '아기가 꼭 엄마 젖을 먹어야 하는가?'라는 단순한 생각에서 실마리를 얻어 우유를 연구하기 시작했습니다. 주변의 산모들에게서 모유를 얻어 와 모유 성분에 관해 연구하는 한편, 우유에 든 영양소를 파괴하지 않고 보관할 수 있는 연유를 개발했지요. 주변

네슬레 이유식 광고지(1915년) © Nestlé

사람 중에는 앙리가 쓸데없는 짓을 한다며 비웃는 사람도 있었지만, 앙리는 아기의 생명을 살리는 소중한 일이라 여기며 연구를 계속했고, 1867년 세계 최초로 영유아가 먹는 이유식 '페린 락테'를 개발했어요. 영유아의 건강을 지키고, 어머니의 젖이 부족해 아이를 잃는 일을 줄여 보려는 앙리 네슬레의 마음은 그가 세상을 떠난 지금까지도 네슬레의 영유아 제품에 잘 녹아 있답니다.

아칸소주의 벤톤빌은 뉴포트처럼 전형적인 시골 소도시였습니다.

샘은 건물 주인을 설득해 계약을 맺었습니다.

내가 죽을 때까지 여기서 장사할 수 있겠군.

건물 계약 기간을 단기간으로 설정한 탓에 5년 만에 상점을 내줘야 했던 샘은 이번에는 무려 99년이라는 임차권 계약을 맺었습니다.

계약 기간: 99년

이게 뭐지? 셀프서비스라고?

직원이 손님을 일일이 응대할 필요 없다는데, 이게 가능할까요?

손님이 직접 상품을 고르고, 중앙 계산대 한곳에서만 계산을 한다는 거네. 이거 우리도 한번 해 보면 어떨까?

하지만 벤톤빌은 뉴포트보다 더 시골이잖아요. 여기서 그게 통할까요?

샘은 심야 버스를 타고 미네소타주에서 운영하는 셀프서비스 지점을 찾아갔습니다.

셀프 서

손님들이 직접 상품을 바구니에 담아서 고르는구나.

그걸 저기 계산대에 가져가서 계산하네. 포장도 직접 하고. 그래서 셀프서비스라고 하는구나.

계산대

현재 방식
4~5명

1~2명
셀프서비스 방식

그럼 계산을 하거나 상품을 포장하는 직원을 여럿 둘 필요가 없겠군. 인건비가 확 줄겠어. 이거 획기적인데?

자, 벤프랭클린 벤톤빌 지점이 새롭게 문을 엽니다!

신선하고 값싼 제품이 한가득 있어요. 와서 구경 한번 해 보세요.

가격 할인
셀프서비스 20% 할인

셀프서비스? 뭘 스스로 하라는 거지?

젊은 양반! 셀프서비스가 도대체 뭐요?

셀프서비스는 여러분이 직접 상품을 고르고, 그걸 계산대에 가져가서 계산하는 거예요.

직원이 진열된 상품을 꺼내서 보여 주는 게 아니고?

엥? 그게 뭐야?

상점을 열면 직접 오셔서 체험해 보세요. 아주 재밌을 거예요.

벤프랭클린 벤톤빌 지점을 연 첫날.

당시 셀프서비스 시스템은 아주
생소한 것이었습니다. 샘은 전국의
벤프랭클린 지점 가운데 세 번째로
셀프서비스를 도입해 점포를
열었습니다.

내가 직접 고르고,
계산은
저 계산대에서 한다?

우아, 뭐 이런 게
다 있지?

이런 시골에서
첨단 시설을 다 보네!

이게 전국에서
세 번째로 여는
셀프서비스 가게라며?

대성공이군. 이렇게나 사람들이 몰려들다니! 지난 몇 개월간의 걱정이 싹 사라졌어.

여보! 여기 비누랑 치약이 벌써 다 떨어졌어요!

내가 새로 채워 넣을게요!

여기 바구니에 필요한 상품을 골라 담으시면 됩니다.

다 담으신 뒤 저쪽 계산대에서 계산하세요.

셀프서비스에 대해 전혀 모르던 벤톤빌 사람에게 샘의 상점은 획기적이면서도 아주 진귀한 구경거리였습니다.

할머니, 저희 상점 어떠세요?

으응~ 아주 재밌어. 내 평생에 이런 재미난 볼거리는 처음이야.

정말이요?

여긴 새로운 물건도 많으니, 눈요기도 되고 아주 좋아.

자, 오늘은 쇠고기를 할인 판매합니다.

양말이 다섯 켤레에 99센트! 1달러 내시면 1센트를 거슬러 드려요!

사탕 한 묶음에 단돈 50센트입니다.

이봐요, 샘! 당신 덕분에 이번 달도 우리 집 가계부에 구멍이 났어요.

맞아요. 여기서 계속 물건을 싸게 파니까 자꾸 사게 돼요.

샘은 대대적인 할인 판매와 묶음 판매 등 다양한 방법을 동원해 사람들의 구매 욕구를 자극했습니다.

여기서 뭘 싸게 판매할지 모르니, 다른 가게엔 갈 수가 없어.

요즘은 동네 사람 만나러 이곳에 온다니까. 모두 여기 모여 있잖아.

이렇게 빨리 자리를 잡다니, 샘은 정말 장사 수완이 대단해.

샘의 상점은 벤톤빌에서도 순항하며 곧 지역 최고의 상점으로 거듭났습니다.

테네시

오클라호마

벤톤빌

미시시피

속옷이 죄다 누더기가 되었지 뭐예요!

속옷을 싸게 파는 데가 있음 좋겠어요.

창피해서 어디 물어볼 데도 없고 걱정이네요.

하긴, 여자들은 속옷 사는 것도 큰일이긴 하지!

뭘 그렇게 혼자 중얼거려요?

저 아주머니들이 속옷이 낡아서 고민이라는데, 주변에 속옷 파는 곳이 없잖아요.

속옷? 여자 속옷을 파는 곳이 없어요?

여자들 속옷은 비싼 편이거든요. 전쟁 직후라 다들 형편이 어려운데, 그런 고급 물건을 파는 곳이 어딨겠어요.

그렇다면, 우리 가게에서 여자들 속옷을 싸게 팔아 볼까?

며칠 뒤.

그런 걱정은 하지 말고, 어서 진열이나 합시다.

걱정이네요. 여자들은 이런 공개적인 곳에서 속옷 사는 걸 창피해 한다고요.

샘의 예상은 적중했습니다. 값비싼 속옷을 파격적인 가격으로 할인해 팔자 여자 손님이 구름 떼처럼 몰려들었습니다.

와, 진짜 저렴한데?

특별 할인

다른 데서 한 벌 살 가격에 무려 세 벌이나 살 수 있어!

내 것도 사고, 우리 딸 것도 사야지!

샘은 벤톤빌에서의 성공을 기반으로 서른네 살이 되던 해인 1952년, 이웃 도시인 파예트빌에도 상점을 개업했습니다. 그리고 뉴포트와 벤톤빌에서 거둔 성공 비법을 총동원해 상점을 성공 궤도에 올렸습니다.

샘 월턴의 파예트빌 상점.

요새 도시에서는 훌라후프라는 게 대유행이래요.

훌라후프요?

동그란 링인데요, 그걸 허리에 끼고 빙빙 돌리면 건강에 좋대요.

그게 그렇게 잘 팔리나요?

잘 팔리는 건 물론, 못 구해서 다들 난리인데요!

그럼 나도 그걸 팔아야겠어요. 제조 공장이 어딥니까?

샘은 훌라후프를 만드는 제조 공장을 찾아갔지만, 단번에 거절당했습니다.

주문량이 너무 많아서 당신네 상점처럼 조그만 곳에 줄 상품이 없어요.

덜컹 덜컹

쿵 쾅 쿵 쾅

뭐, 뭐라고요?

샘은 호스를 만들어 파는 사람과 함께 집의 다락방에서
며칠 밤을 새워 가며 훌라후프를 직접 만들었습니다.

덜컹 덜컹

그렇다면 내가
직접 만들면 되지.
난 더 좋은 제품을
더 저렴하게
팔 거야.

자, 훌라후프 사세요.
이렇게 돌리면 운동도 되고,
아주 즐겁습니다.

훌라후프를 돌리면
가는 허리를 만들 수 있어요.
함께해 보세요.

Milk 신선식품

샘의 훌라후프는 벤톤빌과 파예트빌
주민이라면 누구나 하나씩 사서
집에 둘 정도로 인기를 끌었습니다.

성공과 실패를 넘나들다 **123**

며칠 뒤.

깜짝이야!
이게 무슨 소리지?

아니, 여보!
그게 도대체 다 뭐예요?

얼른 도와줘요. 이대로
내가 나가면 상품들이
바닥에 다 떨어져서
상품성이 떨어져요.

샘은 상점문을 닫고 나면 잠잘 시간을 아껴 가며 인근의 도매 업체와 제조 공장에 들려 제품을 대량으로 싸게 사들였습니다.

여보, 이러다 쓰러져요.

난 체질적으로 튼튼해서 괜찮아요.

남들보다 한 푼이라도 싸게 팔아야 고객에게 그만큼의 이익을 돌려줄 수 있어요. 그게 고객을 위하는 길이지요.

샘은 아칸소에 개업한 상점 곳곳에서 끊임없이 판매 방법을 실험하고, 더 좋은 방법으로 계속 바꾸었습니다. 이것은 후일 그가 세운 '월마트'에서 수행한 경영 방식의 기초가 되었습니다.

테네시

오클라호마

미시시피

그 무렵, 이웃한 캔자스시티 러스킨에서 대형 쇼핑 센터에 벤프랭클린 상점이 들어온다는 소식을 들은 샘은 동생과 상의했습니다.

러스킨 대형 쇼핑 센터 분양 제작자 모집

형이랑 나랑 공동 투자해서 벤프랭클린을 분양받자고?

임대료도 비싸고 시설 투자비도 만만치 않겠지만, 매출 하나는 기가 막힐 거야. 대형 쇼핑 센터면 손님이 많을 테니까.

그럼 뭘 망설여? 당장 계약하자!

꾸욱

야칸

테네시주

캔자스

동생 버드와 러스킨 쇼핑 센터 안의 벤크랭클린 상점을 운영하게 된 샘은 이제 미국 중부 지역 여기저기에 상점을 여럿 둔 성공한 사장님이 되었습니다.

샘은 러스킨 쇼핑 센터 안에서 장사하며 세상을 보는 시야를 넓힐 수 있었습니다.

러스킨에서 사는 사람 모두가 여기서 돈을 쓰는구나.

그 덕분에 우리 상점도 잘되긴 하지만……. 잠깐! 그렇다면 나도 이런 쇼핑 센터를 차리면 어떨까?

형, 또 무슨 궁리를 하는 거야?

버드, 우리가 이런 쇼핑 센터를 하면 어떨까?

지금 하고 있잖아. 벤프랭클린 러스킨 지점!

그거 말고, 러스킨 쇼핑 센터처럼 큰 쇼핑몰 말이야.

형, 정신 차려! 우린 그냥 동네 장사꾼이라고. 이런 대형 쇼핑몰은 갑부들이나 투자하는 거야.

아니야. 난 이거론 만족 못 해. 방법을 알아봐야겠어.

어이쿠~ 우리 형님을 누가 말리겠어!

우리가 운영해 온 상점들은 벤프랭클린 본사의 지점일 뿐이야.

샘은 러스킨 쇼핑 센터를 보며 오늘날의 대형 할인점과 같은 쇼핑 센터를 직접 개발하기로 마음먹었습니다. 샘은 그동안 모은 돈을 투자해 인근의 땅을 사들였습니다.

머지않은 미래에 내 이름으로 된 새로운 마트를 이 땅에 세울 거야.

어떻게요?

넓은 땅에 건물을 크게 짓고 거기에 온갖 상품을 가져다 놓을 거야. 싸고 합리적인 가격, 질 좋은 상품, 게다가 24시간 운영하는 시스템이지.

잠깐만요! 그럼 지금 당신이 운영하는 벤프랭클린 지점들은요?

그건 그것대로 계속할 거예요.

그것과는 별도로 나만의 사업체를 만들고 싶어요. 그동안 쌓아 온 판매 비법, 유통 인맥 등 모든 걸 다 합해서 월턴의 마트를 만드는 거죠.

하지만 현실은 그리 호락호락하지 않았습니다.
1957년 3월, 토네이도가 캔자스시티를 덮쳤습니다.

# 월마트 효과

샘 월턴이 만든 월마트는 '월마트 효과'라는 신조어를 만들어
낼 정도로 미국뿐만 아니라 전 세계 유통 업계에 그
영향력을 미쳤답니다. 세계 최고의 경영자로 꼽히는 샘
월턴이 만든 월마트에 대해 조금 더 알아볼까요?

언제나 저렴한 가격으로 상품을 살 수 있는 월마트
© Walmart Corporate

### 하나  세계 최고의 할인 매장 월마트

미국에서 가장 큰 할인 매장 업체로 꼽히는 월마트는
샘 월턴이 세운 세계적인 유통 기업입니다. 샘 월턴은
1962년, 아칸소에 첫 번째 월마트 매장을 열었습니다.
'우리는 매일 팝니다(Every day low price)'와 '고객의
만족을 보증합니다'라는 두 문구를 슬로건으로 걸고 여러
대형 할인점과 경쟁하던 월마트는, 다른 경쟁 업체에서
외면하던 인구 5만 명 이하의 소도시에서 연이어 성공을
거두며 곧 전국적으로 가맹점을 두게 되었어요.

월마트는 사업 초기부터 최저가 전략을 펼쳤습니다. 공급
업체와 늘 긴밀한 관계를 다지며 상품을 가장 저렴하게
공급받은 뒤, 최소한의 중간 이윤만 붙여 매장에서 파는
전략을 썼어요. 지방 중소 도시에서 대도시로 연이어
출점한 월마트는 곧 미국 최대의 유통 회사인 시어즈와
K마트를 따돌리고 미국 제일의 유통 업체 자리에
올랐습니다.

대형 할인점의 대표 주자인 월마트 © Maryland Pride

이후 월마트는 회원제 할인 판매장인 샘스(Sam's)와 식품
판매장을 크게 돋보이게 꾸민 하이퍼마트 유에스에이
(Hypermart USA), 할인점과 슈퍼스토어의 장점을 합친
슈퍼센터(Supercenter)와 같은 새로운 개념의 매장을 속속
선보였어요.

현재 전 세계에 진출한 월마트는 세계 각지의 직원 수 210만여 명, 매출액 기준으로 세계 1위를 다투는 세계 최고의 유통 기업으로 자리 잡았습니다.

월마트는 다양한 이벤트를 열어 쇼핑하는 사람들을 즐겁게 해 줍니다. ⓒ 〜*Bomba Rosa*〜

## 둘 ＜ 월마트의 경영 방법

샘 월턴은 다른 이들보다 조금이라도 더 싸게 상품을 판다면 자연스럽게 소비자가 몰려들 것이라고 생각했습니다. 그는 월마트를 경영하는 내내 이 원칙을 지켰어요. 월마트는 공급 업체에 비용을 더 절감할 수는 없는지, 상품 가격을 더 낮출 수 없는지 항상 확인했고, 월마트와 거래하는 공급 업체는 상품 포장비, 운송비 등 단돈 1센트라도 낮추기 위해 갖가지 아이디어를 짜냈습니다. 가격 혁명 외에도 다양한 이벤트로 이목을 집중시켰지요.

또, 월마트는 단 하루도 문을 닫지 않는 것으로 유명합니다. 심지어 매장을 보수하는 중에도 문을 열지요. 언제 찾아올지 모르는 손님을 위해 늘 매장문을 열어 놓고 맞이하겠다는 월마트의 전략은 '쇼핑=월마트'라는 생각을 사람들에게 심어 주었답니다.

24시간 문을 여는 월마트 ⓒ taberandrew

## who? 지식사전

### 대형 할인점에서 만날 수 있는 무역

대형 할인점에 가 보면 다양한 상품을 볼 수 있어요. 그중에는 외국에서 들여온 상품도 있지요. 다른 나라에서 만든 상품을 우리나라에서 살 수 있는 것은 우리나라가 다른 나라와 무역을 하고 있기 때문입니다. 무역은 국가 간에 재화나 서비스를 사고파는 것을 말해요. 쉽게 예를 들면, 우리나라가 휴대 전화기나 한류 드라마를 다른 나라에 팔고, 원유나 펄프 등 자원을 사 오는 것이 바로 무역이에요. 나라 간의 활발한 무역은 경제를 성장시키는 데 도움을 줍니다.

수출입을 위해 항구에서 대기하고 있는 화물

### 셋 월마트의 세계 진출

1991년, 멕시코에 첫 해외 점포를 낸 월마트는 이후 캐나다, 아르헨티나, 브라질, 영국, 독일, 중국, 한국, 일본에 진출했습니다. 월마트가 세계 여러 나라 중 이 아홉 개 나라를 출점 대상으로 선택한 이유는 딱 두 가지였어요. 이 나라들은 인구가 많고, 중산층이 두텁다는 장점이 있기 때문이지요.

출점한 지 얼마 지나지 않아 월마트는 멕시코와 캐나다에서 최대의 소매 기업으로 등극했고, 영국에서는 업계 3위 자리를 차지할 수 있었습니다. 특히 멕시코에서는 사람들에게 저렴한 가격에 생필품을 구매하도록 해 물가를 낮추는 데 일조했고, 영국에서는 사람들의 생계비를 낮추는 데 영향을 미쳤어요.

하지만 월마트의 세계 진출에 발목을 잡는 문제들도 곳곳에 있었지요. 아르헨티나에서는 사람들이 필요로 하는 것이 무엇인지 파악하지 못해 아르헨티나 사람들이 즐겨 찾는 순금과 순은 장신구 판매대를 갖춰 놓지 못했지요. 또, 멕시코에서는 주차장을 널찍하게 만들어 놓았지만, 고객 대부분이 버스를 타고 와서 셔틀버스를 운행해야 했습니다. 하지만 이러한 시행착오를 거치며 1995년부터 월마트의 해외 매출이 계속 상승했고, 명실상부한 세계적인 기업으로 우뚝 설 수 있었습니다.

미국 고속도로에는 15분마다 한 대꼴로 월마트 트럭이 다닌다고 합니다. ⓒ Walmart Corporate

중국 베이징에 있는 월마트 매장 ⓒ galaygobi

### 넷 월마트의 실패

월마트가 대형 할인점 업계를 점령한 가장 큰 무기는 '대형 매장에서 저렴한 가격으로 다양한 제품을 구매할 수 있다'는 것입니다. 하지만 이 같은 전략으로 빠르게 변화하는 소비자들의 욕구를 따라잡긴 무리였어요.
월마트와 같은 대형 할인점이 처음 등장했을 당시
소비자들은 원하는 모든 상품을 한 매장에서 저렴한
가격에 구매할 수 있다는 것만으로도 충분히
만족했답니다. 그러나 여러 대형 할인점이 속속
생겨나고 있는 지금, 소비자들은 다양한 선택을 할 수
있게 됐고, 이 때문에 더욱 특화된 서비스를 제공해
주는 곳으로 발걸음을 돌리고 있지요.

파란색으로 표시된 지역은 월마트가 진출해 성공한 나라들이고
빨간색 지역은 실패한 나라들입니다. ⓒ ndershalden

월마트의 어려움은 최근 해외 시장 진출 실패에서 드러나고
있습니다. 월마트는 한국과 독일에서 쓰라린 실패를
맛봤는데, 지역적 특성을 이해하지 못한 결과라고 볼 수
있지요. 일본에서도 역시 어려움에 부딪혔는데, 일본인들은
전통적으로 가격이 낮으면 상품의 질 역시 떨어진다고
생각하기에 월마트에서 파는 저가 상품의 품질에 대해
신뢰하지 않는 면이 있었어요. 하지만 월마트는 이런
일본인들의 사고방식을 고려하지 않고 저가 정책으로 승부를
보려다 실패했답니다. 그러나 대형 할인점 업계에서 월마트의
위치는 지금도 독보적입니다.

대형 할인점 업계 세계 2위인 까르푸 ⓒ LERK

## who? 지식사전

### 월마트의 한국 진출 실패

대형 할인점 업계 세계 1위인 월마트가 한국에 진출한 지 8년 만에 철수했어요.
한국 소비자들의 정서를 제대로 파악하지 못한 채 월마트 본사의 전략만을 고수한
것이 실패의 원인이라고 할 수 있지요. 화사하고 정돈된 분위기의 백화점식 매장에
익숙해 있던 한국 소비자들에게 매장 안 5~6미터 높이까지 상품을 쌓아 놓는
창고형 월마트는 익숙하지 않았습니다. 또한, 신선 식품을 필요할 때마다 사다 먹길
좋아하는 한국 소비자들을 고려하지 않고 대용량 공산품 위주로 진열대를 구성한
점 역시 소비자들의 취향을 반영하지 못한 실수라고 할 수 있지요.

우리나라 사람들은 화사하고 정돈된
백화점식 매장에 익숙합니다. ⓒ by ~Mers

# 6 세상에서 가장 소중한 1달러

아무 걱정하지 마세요. 반드시 갚겠습니다.

벤톤빌과 파예트빌 지점은 매출이 튼튼합니다.

러스킨 쇼핑 센터가 토네이도로 무너진 뒤, 샘은 큰 위기에 빠졌습니다.

채무자들은 의심에 찬 눈으로 부부의 가게를 지켜봤고, 샘은 사람들의 시선에 힘겨워했습니다.

이 모든 게 다 지나갈 거야. 세월이 약이라네.

샘, 토네이도는 자연재해였어요. 그건 누구의 잘못도 아니에요.

이봐, 샘. 기운 내야지!

자넨 아직 젊어. 점포 하나 잃었다고 축 처지지 말게!

자네라면 앞으로 얼마든지 커 나갈 수 있을걸! 자신을 믿게나!

주변 사람들의 아낌없는 격려에 샘은 마음을 단단히 먹고 다시 일어설 수 있었습니다.

그래, 나에게는 아직 꾸준히 성장하고 있는 두 지점이 있잖아! 그래, 이대로 무너질 순 없어!

얼른 빚을 정리하고, 이참에 내 사업을 다시 한번 점검해 보자.

중부 지역은 토네이도에 노출되어 있어. 앞으로는 여러 지역에 분산해 사업을 넓혀야겠어.

마음을 추스른 샘은 차츰 사업을 확장했습니다. 샘은 사업용으로 구매한 중고 소형 비행기를 타고 여러 도시를 비행하며 상점 부지를 찾아보았습니다.

이곳에 지점을 내면 좋겠구나.

비행기를 타고 하늘에서 내려다보니 어디에 어떤 건물이 있는지 훤히 보인다!

이제 사람들에게 내 사업의 전망을 이야기해야겠어.

나는 언제든지 형과 함께할 거야. 힘내, 형!

하지만 1960년대에 들어서 13개 상점에서 거둔 이익이 제자리에서 맴돌자 샘은 고민에 빠졌습니다.

왜지? 지점을 계속 늘려도 왜 순이익이 그만큼 늘지 않지?

사업의 한계에 부딪히고 만 걸까?

맞아! 난 뉴포트에서 *박리다매로 성공했었어. 그리고 그걸 이용해서 부분적인 할인 판매를 해 왔지.

어쩌면 부분이 아닌, 전체 할인에 답이 있는 게 아닐까?

공산품

SALE 2

수산물

샘이 운영했던 벤플랭클린에서 파는 상품들은 싼 상품도 있었지만, 그렇지 않은 것도 있었습니다. 샘은 이제 그런 판매 방식이 통하지 않으리란 것을 직감했습니다.

*박리다매: 이익은 적게 보고 많이 파는 것

당신과 버드가 한동안 매장 관리를 해 줬으면 해요.

왜요? 어디 가시게요?

당분간 전국을 돌며 상점에 관해 연구해 보려고요.

알았어요. 걱정하지 말고 열심히 연구해 보세요.

날 항상 믿어 주어 고마워요, 여보.

샘은 전국을 돌며 공장 *직영 도소매점과 할인점의 장단점을 연구하기 시작했습니다.

공장 직영 도소매점은 상품이 정말 싸구나. 하지만 가짓수가 너무 적어.

할인점은 가짓수는 많지만, 그 대신 공장 직영점보다 비싸군. 양쪽의 장단점을 살펴 내 사업에 적용해 보자!

*직영: 특정한 기관 등에서 일정한 사업을 직접 관리하고 경영함

모든 상품은 최대한 저렴한 가격으로 제조 시설과 거래하자!

매장에 상품을 가능한 한 많이, 높게 쌓아 올리고, 주변보다 최대한 싸게 팔아야 해!

박리다매! 여기에 모든 승부가 걸려 있다.

샘은 '싸게 사들이고, 높이 쌓아 올리고, 다시 싸게 파는 전략'을 연구하는 한편, 함께 일할 동업자를 구하려 애썼습니다.

가세요. 난 새로운 곳과는 일 안 해요.

그러지 마시고 우리와 한 번만 거래해 보시죠.

사장님, 제 말 좀 더 들어 주세요.

어허, 귀찮게 굴지 마라니까.

휴~, 쉬운 일이 없구나.

다시 생각해 주십시오! 사장님께 유리한 조건으로 계약하겠습니다.

우리와 계약하시면 한 달 안에 이 공장의 상품 절반을 팔겠습니다.

허허, 그런 조건이라면 계약하겠소!

고맙습니다, 사장님!

샘은 몇몇 업체의 도움을 받아 할인점을 개업했습니다. 1962년 7월 1일, 기존의 벤프랭클린 지점들을 운영하는 동시에 벤톤빌 근처 로저스에 대형 할인점인 '월마트' 1호점을 개업했습니다.

주변 상점보다 20퍼센트나 싸게 샀어!

모든 걸 싸게 파니까 아주 좋아요.

walton's

당시 텔레비전은 세탁기나 냉장고와 더불어 모든 이가 갖고 싶어 하는 인기 제품이었습니다. 이 이벤트에 관한 소문은 금세 퍼졌고, 순식간에 수백 명의 사람이 월마트로 몰려들었습니다.

와, 정말 재밌다.

월마트에 오면 늘 구경거리가 있다니까!

물건도 싸고 품질도 좋고!

환불이나 반품도 잘해 주고! 서비스도 그만이야!

할인점에서 단지 쇼핑만 하는 것이 아니라, 볼거리와 놀거리를 수시로 제공하자 사람들은 월마트에 계속 몰려들었습니다.

월마트 1호점이 생긴 게 엊그제 같은데…….

역시 형의 추진력은 대단해!

샘은 월마트 1호점의 성공을 기반으로 2호점과 3호점을 냈습니다.

와~애~잉

음 메~애

샘은 고객 만족에 온 힘을 다하고자 다른 지출 비용을
과감히 줄이는 획기적인 방법을 고안했습니다.

아니, 정말로
여기에
8호점을
낸다고요?

설마 농담이시죠?

어휴,
똥 냄새!

무슨 파리가
이렇게 많아?

농담이 아닙니다.
이곳에 새로운
지점을 낼 겁니다.

이런 곳에
누가 오겠어요?

아무리 봐도
여긴 아닌 것 같아.

성공 여부는 지켜보면 알 수 있겠지.
그보다 이곳 실내 장식에 드는
비용을 최소화하려고 해.

따로 실내 장식을 하지 않고,
철사와 파이프를 재활용해서 선반을
만든다고? 그거 괜찮은데!

궁색해 보이지
않을까요?

비용을 줄인 만큼
그 혜택을 고객에게
돌려주면, 그들도
이해할 겁니다.

그럼 당장 공사합시다! 철거하고 선반
만드는 건 우리가 할 수 있는 일이니,
따로 인건비 들이지 맙시다!

샘은 헐값에 나온 공장을 임대해 월마트 8호점을 개업했습니다. 철사와 파이프를 재활용해 철제 선반을 만드는 등 실내 장식 비용을 최소화한 이 아이디어는 오늘날 월마트 매장의 원형이 되었습니다.

그동안 같이 일한 분 중에서 리더십이 있고, 책임감 강한 분을 선발해 오늘부터 월마트 각 지점의 책임자로 삼겠습니다.

샘은 학력이나 인종, 외모에 차별을 두지 않고, 오로지 실력과 성실함, 회사에 대한 충성심만을 놓고 임원을 선발했습니다.

나도 열심히만 하면 지점 책임자가 될 수 있는 거네!

우리 모두에게 성공의 기회가 열린 거야.

이거야말로 *아메리칸드림의 실현이네!

1960년대 중반, 50대가 된 샘은 미국 전역에서 12개의 월마트와 15개의 벤프랭클린을 운영하는 기업가가 되었습니다. 또한, 1천 제곱미터에서 시작한 월마트는 새로 개업할수록 그 규모가 커져서 1만 제곱미터에 이르는 거대한 규모의 매장이 되었습니다.

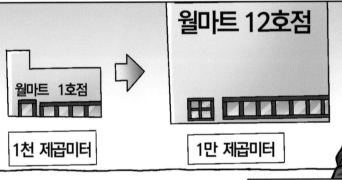

월마트 12호점

월마트 1호점

1천 제곱미터

1만 제곱미터

전 지역에 문을 연 매장을 총괄 관리할 영업 사장이 필요하군. 전문 경영인을 선발해 함께 의논하며 이 월마트를 이끌어 나가야겠어.

샘은 대형 상점인 뉴베리 사의 중서부 지역 상품 총책임자인 페롤드 아렌드를 만나러 직접 비행기를 타고 갔습니다.

*아메리칸드림: 많은 미국인의 공통된 소망으로, 무계급 사회와 사회의 경제적 번영 등을 이름

지금 우리 월마트에는 그 중심을 잡아 줄 인재가 꼭 필요합니다.

제가 어떤 역할을 하길 바라십니까?

월마트의 부사장 자리를 맡아 주세요.

월마트를 보다 전문적으로 다듬어 주시오.

당시 월마트는 큰 할인점 체인이라는 규모에 맞지 않게 주먹구구식의 시스템으로 운영되고 있었습니다.

저 많은 상품을 사람 손으로 일일이 기록하는 건 너무 비능률적입니다.

맞아요. 그래서 난 요새 컴퓨터라는 걸 배우고 있어요.

컴퓨터로 전산 시스템을 이용하면 회계부터 상품 관리, 인력 관리까지 모든 걸 간편하면서도 능률적으로 작업할 수 있어요.

결국, 사장님께선 **부재 경영자 시스템'까지도 생각하고 계시는군요.

*부재 경영자 시스템: 사장이나 관리자가 없어도 회사가 잘 운영되도록 컴퓨터로 통제하는 시스템

사장님이 출장 중이라 결제가 떨어지지 않으니, 창고가 꽉꽉 찼어.

비행기를 타고 아무리 빨리 이동한다 해도 결국 어느 한 곳에선 업무가 마비될 거요. 그걸 막기 위해선 컴퓨터 시스템 도입이 꼭 필요하죠.

하하하, 전산 시스템 덕분에 출장 중에도 결제할 수 있어서 창고 운영이 원활하지.

샘은 페롤드와 함께 배송 시스템 전문가를 만났습니다.

월마트의 규모에 맞는 배송 시스템을 갖출 때가 됐습니다. 지금 배송 체계로는 더 이상의 지점 확장은 무리예요.

당시 월마트는 상품을 책임지고 배송해 줄 업체를 구하지 못해 애를 먹었고, 상품을 쌓고 보관해 둘 변변한 창고 또한 없었습니다.

B-13

쏴아아

# 샘 월턴의 발자취

**샘 월턴의 출신 학교**

샘 월턴이 졸업한 대학교는 미주리 대학교 컬럼비아 캠퍼스입니다. 미주리 대학교는 네 개의 대학이 연합해 만들어진 종합 대학교로, 20여 개의 단과 대학에서 270여 개의 학위 프로그램을 제공하고 있어요.

샘 월턴은 미주리 대학교에 다닐 당시, 학과 공부와 아르바이트를 병행하며 누구보다 바쁜 나날을 보냈지만 미식축구, 학사 장교 훈련단(ROTC), 학생회 등 여러 교내 활동에 참여하며 대학생으로서의 활기와 즐거움을 만끽했습니다.

샘 월턴이 다녔던 미주리 대학교 컬럼비아 캠퍼스
ⓒ Stevehrowe2

둘 **샘 월턴의 가족**

샘 월턴의 아내인 헬렌 월턴(1919~2007년)은 원래 대단히 부유한 집안의 딸이었어요. 하지만 샘과 결혼한 뒤에는

## who? 지식사전

월마트 직원들이 모여 구호를 외치고 있습니다. ⓒ Walmart Corporate

### 샘 월턴과 우리나라의 인연

샘 월턴이 만든 월마트 문화 가운데, 매주 토요일 오전 7시 30분에 경영진과 직원이 모두 모여 업무를 주제로 토론하고 함께 회사 구호를 외치는 것은 아주 유명해요. 워낙 이른 시각에 사람들이 모이다 보니 비몽사몽한 사람들을 깨우려고 만든 방편이었는데, 이 구호를 외치는 문화는 사실 우리나라의 어느 테니스공 공장에서 도입한 것이라고 합니다.

1975년, 한국과 일본을 둘러보던 샘 월턴은 우리나라 테니스공 공장 직원들이 일과를 시작하기 전 모두 모여 회사 구호를 외치고, 체조하는 모습에 무척 감동했다고 해요. 미국으로 돌아간 샘은 이것을 월마트에 적용했지요. 샘 월턴은 남다른 응용력으로, 다른 곳에서 이미 실행하고 있던 것을 월마트 특유의 문화로 재창조해 낸 것입니다.

누구보다 검소하게 생활했지요. 결혼하고 2년 동안 무려
열여섯 번이나 이사를 하면서도 온 힘을 다해 사업하는
남편을 도왔고, 자식들 뒷바라지에 정성을 쏟았습니다.
그녀는 훗날, 세계적인 부자가 되었을 때도 평소처럼
알뜰한 생활을 했고, 세상을 떠난 뒤에는 자신의 모든
재산을 자선 단체에 기부하며 많은 사람의 본보기가
되었답니다.

샘 월턴의 딸 앨리스 월턴과 아들 짐 월턴
© Walmart Corporate

샘과 헬렌의 자녀들은 보수적인 분위기의 아칸소주에서
부모님을 본받아 부지런하고 예의 바르게 자랐지요.
아이들에게 경제 교육을 철저히 하고 싶었던 샘은
아이들이 학교 수업이 끝나면 상점에서 아르바이트를
하게 했습니다. 아르바이트를 통해 사회에 대한 간접
경험을 쌓게 하고, 스스로 돈을 벌어 쓰게 하여 돈의
소중함을 깨닫게 하려고 했던 것이지요. 이렇게 자란
아이들은 아버지 샘이 그랬던 것처럼 값비싼 자동차
대신 낡은 소형 트럭을 몰고 다녔고, 학교 울타리를 손수
고치는 등 검소하고 소박하게 생활했어요. 아이들은 적은
돈이라도 소중히 여기고 부자가 되었다고 우쭐거리지
말라는 부모의 가르침을 잊지 않았던 것입니다.

샘의 자녀들이 자란 아칸소주의 모습 © doug_wertman

## 월마트의 재미있는 구호

월마트에는 샘이 만든 그들만의 독창적인 구호가 있어요. 샘이 먼저 외치면,
월마트의 모든 직원이 따라 외치는 재미있는 구호이지요. 여러분도, 자신만의
재미있는 구호를 만들어 외쳐 보는 것은 어떨까요?

구호를 외치고 있는 월마트 직원들
© Walmart from Bentonville, USA

| | |
|---|---|
| 나에게 W를! | 그게 뭐죠? |
| 나에게 A를! | WAL-MART! |
| 나에게 L을! | 그게 뭐죠? |
| 나에게 M을! | WAL-MART! |
| 나에게 A를! | 누가 최고죠? |
| 나에게 R을! | 고객이요! |
| 나에게 T를! | |

## 셋  샘 월턴의 사업 성공을 위한 10가지 원칙

샘 월턴은 그동안 자신이 겪었던 경험과 자신만의 경영 비법을 담아 '사업 성공을 위한 10가지 원칙'을 제시했습니다.

제1원칙: 자신의 사업에 전념하라

누구보다도 자신의 사업이 옳다고 믿어라. 만약 자기 일을 사랑한다면, 할 수 있는 한 매일매일 최선을 다해 그것을 하려고 노력해야 한다. 그러면 얼마 지나지 않아 주위의 모든 사람이 그 열정에 따라 움직일 것이다.

샘 월턴이 타고 다녔던 빨간색 소형 트럭 ⓒ Scott Monty

제2원칙: 이익을 모든 동료와 공유하고, 그들을 동반자로 대우하라

수직 관계가 아닌 수평 관계로 행동하며, 동료들이 회사와 경제적 이해관계를 갖도록 장려하라.

제3원칙: 동반자들에게 동기를 부여하라

돈과 주인 의식만으로는 안 된다. 높은 목표를 설정하여 경쟁을 자극하고 득점을 기록하라. 그리고 막대한 보수를 내걸어라.

제4원칙: 가능한 한 모든 정보를 동반자들에게 전달하라

많은 것을 알면 알수록 그들은 많은 것을 이해할 수 있게 된다. 많은 것을 이해하면 할수록 그들은 더 많은 것을 염려하게 된다. 정보란 힘이다. 동료들에게 힘을 부여함으로써 얻는 이익은 경쟁자들에게 알려지는 위험을 상쇄시키고도 남을 것이다.

제5원칙: 동료들이 사업을 위해 하는 모든 행동에 감사하라

샘 월턴이 사업차 사용했던 중고 소형 비행기 ⓒ patheticboy75

사람들은 누군가를 위해 한 일에 대해 그가 얼마나 감사하고 있는가를 듣고 싶어 한다. 적절하게 선택된, 적절한 시기의, 진지함이 넘치는 칭찬의 말을 대신할 수 있는 것은 아무것도 없다.

**제6원칙: 자신의 성공을 축하하라**

자신의 실패를 웃음거리로 만들어라. 유머를 찾아라. 결코 자신을 지나치게 심각하게 받아들이지 않도록 하라. 긴장을 풀라. 그러면 주위의 사람들도 모두 긴장을 풀 게 될 것이다. 즐겨라. 열정을 보여 주어라. 다른 모든 것이 실패했을 때도 멋진 옷을 차려입고 우스꽝스러운 노래를 불러라. 그리고 다른 모든 사람으로 하여금 함께 노래 부르게 하라.

샘 월턴이 생전에 사용했던 사무실 ⓒ C-Monster

**제7원칙: 회사에 있는 모든 사람의 말에 귀 기울여라**

그들이 말하게 할 방법을 생각해 내라. 최전선에 있는 사람들, 즉 고객과 실제로 얘기하는 사람들이야말로 현장에서 무슨 일이 일어나고 있는지를 진정으로 알고 있는 유일한 사람들이다.

**제8원칙: 고객의 기대를 넘어서라**

만약 그렇게 한다면 그들은 다시 오고, 또 올 것이다. 그들이 원하는 것을 줘라. 더 나아가 그 이상을 줘라. 그들에게 감사하고 있다는 것을 알게 하라. 모든 잘못에 대해서는 보상하라. 변명하지 말고, 사과하라.

굶주린 사람들을 위해 기부하는 월마트의 'Fighting Hunger Together' 캠페인 모습 ⓒ Walmart Corporate

**제9원칙: 경쟁자보다 비용을 낮게 통제하라**

이 원칙을 준수한다면 언제나 경쟁 우위를 차지할 수 있다. 기업을 경영하는 동안 온갖 실수를 할지라도 효율적인 경영을 한다면 모든 실수를 만회할 수 있다.

**제10원칙: 흐름을 거슬러 올라가라**

만약 모든 사람이 어떤 한 가지 방식을 취하고 있다면, 그와 정반대의 방향으로 나아가라. 그러면 활동 범위를 찾을 좋은 기회를 얻을 수 있을 것이다.

# 세계 비즈니스계의 혁명가

**7**

지난 1950년대 말부터 할인점 업계는 그야말로 놀라운 성장세를 보였습니다. 아칸소주에서 탄생한 월마트 역시 예외는 아닙니다.

1962년 문을 연 월마트는 1969년이 되자 미국 18개 지역에 월마트 가맹점을 거느린 큰 기업이 되었습니다. 또한, 샘은 기존의 벤프랭클린 지점도 14개 운영하여 총 32개의 상점을 거느린 유통 재벌로 성장했습니다.

형, 다가온 1970년에도 지금처럼 월마트와 함께 승승장구하길 바랄게.

나 혼자의 힘이 아닌, 여러 사람의 도움 덕분이었지. 앞으로도 잘 부탁해.

샘, 아직도 소형 트럭을 탄다며?

이제 좋은 옷도 사 입고, 여행도 다니면서 편하게 살게.

제 돈은 고객 한 분, 한 분이 주신 돈이에요. 그분들을 생각하면, 사치와 낭비할 틈이 없어요.

이이는 아직도 상품을 어떻게 해야 싸게 팔지 그 궁리만 해요. 그게 인생의 낙이라나요?

아무튼, 자네는 타고난 사업가야.

저 같은 장사꾼은 장사를 할 때가 가장 신나는 법이죠. 안 그러면 병이 난다고요.

월마트는 1970년 10월 1일, 드디어 *주식회사가 되었고, 기업 가치를 서서히 인정받았습니다.

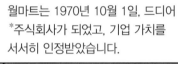

50대가 된 샘은 사냥을 하는 등 지난 몇십 년간 숨 가쁘게 달려온 인생을 잠시 멈추고 숨 고르기를 했습니다.

*주식회사: 주식 발행을 통해 여러 사람으로부터 자본을 조달받는 회사

난 정말 열심히 일했어. 밤낮 가리지 않고 근무했고, 구멍가게를 큰 기업으로 만들고자 전력을 다했지.

자수성가한 부자 샘 월턴은 나이가 들어서도 여전히 소박한 차림새와 검소한 생활을 하며 다른 부자들과는 다른 삶을 살았습니다.

샘은 처음 장사를 시작했던 자그마한 상점에서부터 대형 할인점 체인인 월마트를 돌이켜 보며 많은 생각에 잠겼습니다.

샘은 자신이 부유해지는 동안
어디선가 혹독한 노동에 눈물지었을
사람들을 생각하니, 고통스러웠습니다.

내가 누리는 이 모든 것이
사실은 내 것이 아니었어.
권리에는 의무가,
소유에는 책임이 뒤따르지.
내가 가진 것에 대해
충분한 책임을 져야겠어.

샘은 많은 사람에게 고마움을 전달하고자 수많은 교육 기관과 교회, 동물원, 도서관, 요양 시설 등에 많은 돈을 기부했습니다.

또한, 월마트가 입점한 지역 사회에서 벌이는 다양한 공익사업을 지원했습니다.

한편, 샘은 월마트 체제를 좀 더 공고히 하고자 대규모 할인점이 거들떠보지도 않던 인구 5만 명 이하의 소규모 도시에도 진출하기로 했습니다.

큰 도시는 누구나 예상하듯 소비자가 많이 있지. 하지만 이런 작은 도시에도 사람은 살고 있다.

큰 도시이건 작은 도시이건, 사람은 살면서 누구나 소비를 해. 다른 경쟁 업체는 이 사실을 잊고 있다.

얼마 지나지 않아 소도시에서도 월마트 지점이 개업했습니다.

샘의 예상은 적중했습니다. 사람이 많이 살든, 적게 살든, 사람이 살고 있다면 소비는 반드시 이루어지며, 바로 그곳에 돈을 벌 기회가 있다는 것을 놓치지 않은 결과였습니다.

머지않아 우리 회사가 업계 1, 2위를 따라잡겠구나!

미국 최고의 할인점이 될 날이 우리 눈앞에 왔어.

월마트의 매출은 하루가 다르게 올랐고, 매년 사상 최고치의 순이익을 냈습니다. 1호점을 개점한 지 30여 년 만에 월마트는 드디어 업계 1위 자리를 차지하며 미국 유통 업계의 제왕 자리에 올랐습니다.

자, 여러분! 월마트의 전체 이익이 이전보다 8퍼센트 오르면 내가 월스트리트로 나가 훌라 댄스를 추겠소!

직원들의 사기를 높이기 위해 샘은 누가 봐도 황당한 공약을 내세웠고, 그 덕분인지 회사는 무난히 매출 8퍼센트 이익을 올리는 데 성공했습니다.

세계적인 대기업 사장인데, 가식이 전혀 없어!

약속 하나는 끝내주게 잘 지키는 분이구나.

우와, 샘 월턴 회장이 월스트리트에서 훌라 댄스를 춘다!

완전 특종감인데!

찰칵

펑

펑

찰칵

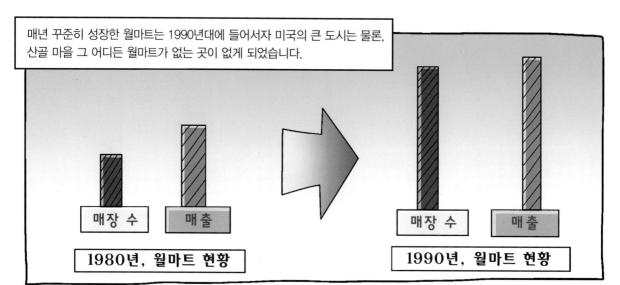

매년 꾸준히 성장한 월마트는 1990년대에 들어서자 미국의 큰 도시는 물론,
산골 마을 그 어디든 월마트가 없는 곳이 없게 되었습니다.

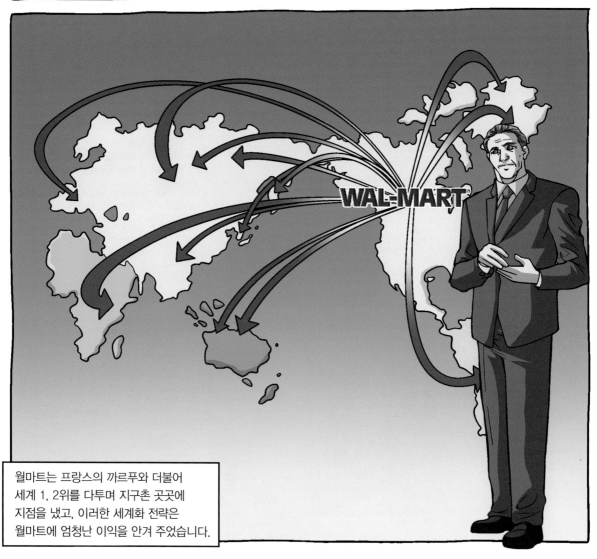

월마트는 프랑스의 까르푸와 더불어
세계 1, 2위를 다투며 지구촌 곳곳에
지점을 냈고, 이러한 세계화 전략은
월마트에 엄청난 이익을 안겨 주었습니다.

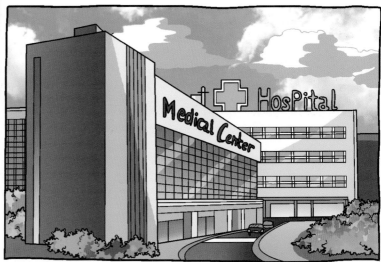

어느덧 일흔두 살이 된 샘은 기력이 부쩍 떨어졌습니다.

다발성 골수종입니다.

어쩐지 최근 들어 몸이 매우 좋지 않긴 했어요.

진료실

그렇다면 치료는 어떻게 해야 하죠?

신약이 나오고 있습니다만, 현재까진 이 병의 뚜렷한 치료 방법은 없습니다.

병세가 심해지자 샘은 동생인 버드와 자식들에게 경영을 맡기고 일선에서 물러났습니다.

1992년 3월 17일, 당시 대통령이었던 부시는 샘에게 '자유의 메달'을 수여하고자 아칸소주 벤톤빌로 직접 찾아왔습니다. 자유의 메달은 미국에 큰 공을 세운 최고의 시민에게 주는 영예로운 상이기에, 샘은 무엇보다 기뻤습니다.

샘 월턴은 기업가 정신을 실천하고 아메리칸드림을 실현했습니다. 사업과 삶 모두에서 성공한 샘 월턴에게 경의를 표합니다.

내 인생 최고의 순간이다! 이제 더 이상 바랄 게 없구나.

그동안 좋은 상품을 많은 사람에게 주려던
그의 노력이 인정받는 순간이었습니다.
샘은 감격의 눈물을 흘렸습니다.

내 남편, 샘 월턴.
당신이 정말
자랑스러워요~.

나는 내 꿈을 이루었고,
내 곁엔 나를 믿어 주는
사람들이 있다.
이 세상에 나보다 더
행복한
사람이 있을까?

'자유의 메달'을 받은 며칠 뒤, 샘은 병원에 입원했습니다.
3주간 힘겨운 사투를 벌이던 샘은 4월 5일 아침,
일흔넷의 나이로 조용히 세상을 떠났습니다.

샘 월턴

세계 비즈니스계의 혁명가 **173**

셀프서비스 시스템과 컴퓨터로 작동하는 판매 시스템, 물품을 쌓아 놓는 거대한 창고, 질 좋은 상품을 가장 싸게 구매할 수 있는 할인점의 편리함. 이 모든 것은 아칸소 뉴포트에서 비지땀을 흘리며 먼 훗날 자신이 운영할 큰 사업체를 꿈꾸었던 한 젊은이가 품은 희망에서 출발했습니다.

신념을 지니고 고된 일을 두려워하지 않았던 개척자의 표본! 그리고 현대인이라면 누구나 한 번쯤은 가 보았을 대형 할인점을 만들어 낸 사람! 세계적인 할인점의 신화를 창조한 인물, 그가 바로 샘 월턴입니다.

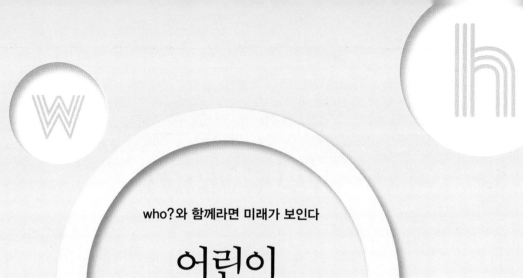

who?와 함께라면 미래가 보인다

# 어린이
# 진로 탐색

## 사업가

어린이 친구들 안녕?
**샘 월턴** 이야기 재미있게 읽었나요?

그렇다면 이제부터
**샘 월턴**이 꿈을 키워 가는 과정을 함께 되짚어 보며
그가 활동한 분야와 그 분야에 속한 다양한 직업에 대해
살펴봐요!

또한 여러분에게는 어떤 장점과 적성, 가능성이
숨어 있는지 찾아보면서
그것을 어떻게 진로와 연결시킬 수 있는지에 대해서도
알아봅시다!

그럼 지금부터
여러분이 멋진 꿈을 향해 나아갈 수 있도록 도와줄
진로 탐색을 시작해 볼까요?

자기 이해부터
진로 체험까지,
다양한 진로 탐색
활동을 시작해 봐요!

# 내가 좋아하는 일은?

어린 시절 샘 월턴은 우유 배달과 신문 배달을
하며 용돈을 벌었습니다. 학교 선생님과
어머니는 너무 많은 아르바이트를 하는 것 아닌지
걱정하셨지만 샘은 물건을 사고팔면서 돈을 버는
게 재미있고, 다양한 경제 지식도 쌓을 수 있다며
아르바이트를 계속했습니다.

여러분도 샘 월턴처럼 특별히 좋아하는 일이
있나요? 그 일이 무엇인지, 왜 그 일을 좋아하는지
적어 보세요.

**내가 좋아하는 일**

**그 일을 좋아하는 이유**

# 내가 꿈꾸는 나의 미래는?

샘 월턴은 아르바이트, 공부, 운동, 학생회 활동 등 모든 일을 잘 해내는 팔방미인이었습니다. 고등학교 선생님은 샘이 운동선수가 되길 바랐고, 대학교 교수님은 샘이 학교에 남아 공부를 계속하길 바랐습니다. 하지만 샘은 사업가가 되는 길을 택했습니다. 다른 사람들의 뜻에 따르기보다는 자신이 진정으로 원하는 미래를 택한 것입니다.

여러분은 미래에 무엇을 하고 싶나요? 해 보고 싶은 것이나 되고 싶은 것에 대해 적어 보세요.

### 내가 미래에 하고 싶은 것

### 내가 미래에 되고 싶은 것

# 우리나라 유통 기업을 알아보아요

어린 시절 샘 월턴은 다양한 거래를 성사시키는 아버지의 모습을 지켜보며 판매직에 관심을 가지게 되었습니다. 그래서 대학 졸업 후, 전국에 지점을 갖춘 상점에 취업해 열심히 경험을 쌓았고, 그 경험을 바탕으로 자신만의 사업을 시작했습니다.

샘 월턴이 설립한 월마트는 유통 기업입니다. 유통 기업은 생산자가 만든 상품을 사서 소비자에게 파는 과정에서 이익을 얻습니다.

우리나라에는 어떤 유통 기업이 있을까요? 우리나라에 있는 유통 기업 중 하나를 골라 조사해 보세요.

| 월마트 | | 우리나라의 유통 기업 |
|---|---|---|
| 월마트 | 기업의 이름은? | |
| 1962년 | 설립된 연도는? | |
| 샘 월턴 | 설립한 사람은? | |
| Walmart ☀ | 기업의 로고는? | |
| | 주로 판매하는 상품은? | |

# 다양한 분야의 기업을 알아보아요

세상에는 다양한 분야의 기업이 존재합니다. 유통업 외에 또 어떤 분야가 있는지 아래 설명을 읽고, 그 분야의 대표 기업을 찾아보세요. 우리나라 회사도 좋고 외국 회사도 좋아요.

| 제조업 | 원료를 가공하여 새로운 물건을 대량으로 만들어 냅니다. |
|---|---|
| 대표적인 기업 | |
| 항공업 | 항공기를 사용하여 사람이나 화물을 실어 나릅니다. |
| 대표적인 기업 | |
| 건설업 | 철, 나무 등을 이용하여 주택, 다리, 고속 도로 같은 시설을 짓습니다. |
| 대표적인 기업 | |
| 통신업 | 전화나 우편 등 통신을 통해 사람들 사이에 소식이나 정보를 전달할 수 있게 합니다. |
| 대표적인 기업 | |

# CEO 외에 또 하나의 직업을 가진다면?

샘 월턴은 CEO로서 큰 성공을 거둔 후, 주변을 돌아보기 시작했습니다. 자신이 부유해지는 동안 어디선가 다른 사람들은 물건을 만드느라 혹독한 노동에 시달렸을 것을 생각하니 샘 월턴은 마음이 아팠습니다. 그래서 그는 자선 사업가가 되어 학교, 교회, 동물원, 도서관, 요양 시설 등에 많은 돈을 기부했습니다.

여러분이 만약 CEO 외에 또 하나의 직업을 가지게 된다면 어떨까요? 어떤 직업을 가지고 싶은지 그 이유도 함께 적어 보세요.

나는 CEO 겸                  이/가 되고 싶어요.

그 이유는

# 물건을 팔아 보아요

샘 월턴처럼 큰 가게를 세우지 않더라도 물건을 팔 수 있어요. 바자회에 나가거나
중고 거래 사이트를 이용하면 되지요. 자신이 가지고 있는 물건을 정리해 보고,
그중에서 무엇을, 어디서, 얼마에 팔지 계획을 세워 보세요.

＊ **판매할 장소를 정해 보세요.**

--------------------------------------------------------

--------------------------------------------------------

＊ **판매할 물건과 가격을 정해 보세요.**

| (판매할 물건의 이름을 쓰거나 사진을 붙이세요.) | | |
|---|---|---|
| 가격: | 가격: | 가격: |

＊ **사람들이 그 물건을 사고 싶도록 좋은 점을 설명해 보세요.**

| (          )의 좋은 점 | (          )의 좋은 점 | (          )의 좋은 점 |
|---|---|---|
| | | |

# 샘 월턴

| | | |
|---|---|---|
| 1918년 | | 3월 29일, 미국 오클라호마주 킹피셔에서 태어났습니다. |
| 1929년 | 11세 | 세계 경제 대공황이 시작되었습니다. 아버지의 일터를 따라다니며 어깨너머로 경제 활동에 대해 배웁니다. |
| 1940년 | 22세 | 대학 졸업 뒤, 'J. C. 페니' 데모인 지점에 수습사원으로 입사합니다. |
| 1942년 | 24세 | 제2차 세계 대전 해외 파병을 위해 군대에 징집됐습니다. |
| 1943년 | 25세 | 군 생활 중 헬렌 롭슨과 만나 결혼했습니다. |
| 1945년 | 27세 | 군대 전역 뒤, 아칸소주 뉴포트에 있는 '벤프랭클린' 상점을 인수하여 개업했습니다. |
| 1950년 | 32세 | 아칸소주 벤톤빌로 이사한 뒤, 벤프랭클린 상점에서 염가 판매 전략을 펼쳐 곧 그 지역의 상권을 장악했습니다. |

| | | |
|---|---|---|
| 1962년 | 44세 | 7월 2일, 아칸소주 로저스에 월마트 1호점을 열고, 일부 품목이 아닌 전체 품목을 할인 판매했습니다. |
| 1969년 | 51세 | 18개의 월마트와 14개의 벤프랭클린 상점을 거느린 유통 기업체의 사장이 됐습니다. |
| 1970년 | 52세 | 월마트가 주식 시장에 상장됐습니다. |
| 1975년 | 57세 | 월마트가 100호점을 돌파했습니다. |
| 1990년 | 72세 | 다발성 골수종에 걸려 치료를 시작했습니다. |
| 1991년 | 73세 | 경쟁 업체들을 따돌리며 업계 1위를 차지했습니다. |
| 1992년 | 74세 | 3월 17일, '자유의 메달'을 받았습니다. 4월 5일, 세상을 떠났습니다. |
| 1998년 | | 〈타임〉지가 뽑은 '20세기 가장 영향력 있는 인물 100명'에 선정됐습니다. |

찾아
보기

# who? 한국사

**초등 역사 공부의 첫 단추! '인물'을 알아야 시대가 보인다**

● 선사 · 삼국    ● 남북국    ● 고려    ● 조선

※ who? 한국사(전 47권) | 대상 초등학교 전 학년 | 책 크기 188×255 | 각 권 페이지 190쪽 내외

# who? 인물 중국사

## 인물로 배우는 최고의 역사 이야기

※ who? 인물 중국사 (전 30권) | 대상 초등학교 전 학년 | 책 크기 188×255 | 각 권 페이지 190쪽 내외

# who? 아티스트

## 최고의 명작을 탄생시킨 아티스트들을 만나다

● 문화 · 예술 · 언론 · 스포츠

※ who? 아티스트(전 40권) | 대상 초등학교 전 학년 | 책 크기 188×255 | 각 권 페이지 190쪽 내외

# who? 인물 사이언스

## 기술로 세상을 발전시킨 과학자들의 이야기

※ who? 인물 사이언스 (전 40권) | 대상 초등학교 전 학년 | 책 크기 188×255 | 각 권 페이지 180쪽 내외

# who? 세계 인물

## 세상을 바꾼 위대한 인물들의 이야기

● 정치    ● 경제    ● 인문    ● 사상

※ who? 세계 인물 (전 40권) | 대상 초등학교 전 학년 | 책 크기 188×255 | 각 권 페이지 180쪽 내외

# who? 스페셜 · K-pop

## 아이들이 가장 만나고 싶고, 닮고 싶은 현대 인물 이야기

※ who? 스페셜 · K-pop | 대상 초등학교 전 학년 | 책 크기 188×255 | 각 권 페이지 190쪽 내외